NOTES POUR SERVIR A L'HISTOIRE GÉNÉRALE
DE LA GUERRE DE 1870-71.

LES

PRUSSIENS

A BELLÊME

1870-1871

PAR J.-L.-C. RENAUDIN

Officier de l'Instruction publique

Auteur du Cours moyen d'Histoire de France

ÊTRE UTILE

BELLÊME

GINOUX, LIBRAIRE-ÉDITEUR

1880

INTRODUCTION

Le département de l'Orne du 4 septembre au 11 novembre 1870.— Bellême, du 4 septembre au 22 novembre 1870.

I.

Au moment où commence le douloureux récit de l'occupation prussienne à Bellême, il importe de rappeler en quelques mots les changements que le *Quatre-Septembre* avait apportés dans l'administration départementale, et surtout dans la commune de Bellême.

L'empire s'était effondré au 4 septembre, sa déchéance avait été prononcée au Corps législatif (1), un gouvernement provisoire, qui avait pris le nom de *Défense nationale*, avait proclamé la République à l'Hôtel-de-Ville.

(1) Séance du 3 septembre 1870.—La nuit du 3 au 4 septembre, au Corps législatif, à l'Hôtel-de-Ville.

Douze membres, tous députés de Paris, le composaient (1). Le général Trochu, investi de pleins pouvoirs militaires, avait été appelé à la présidence.

Les principales mesures du gouvernement avaient été :

1° L'abolition du Sénat ;

2° L'armement de tous les citoyens ;

3° La convocation des électeurs au 16 octobre, pour nommer leurs représentants à une constituante, qui devait être composée de sept cent cinquante membres (2).

Dès le lendemain, le ministre de l'intérieur, Léon Gambetta, tout en songeant à la défense et aux relations diplomatiques, s'était occupé du remaniement des préfectures et sous-préfectures. Il y avait appelé, à titre de préfets, ou comme administrateurs provisoires, des hommes qui avaient fait preuve de dévouement à la démocratie, mais en général dénués d'expérience, et, dans deux circulaires empreintes d'un ardent patriotisme, il leur avait tracé leurs devoirs dans les graves circonstances où il s'agissait du salut de la patrie. C'est ainsi que, dans

---

(1) Les douze membres du gouvernement de la Défense nationale furent : Emmanuel Arago, Crémieux, Jules Favre, Jules Ferry, Gambetta, Garnier-Pagès, Glais-Bizoin, Pelletan, Picard, Rochefort, Jules Simon, général Trochu.

Le ministère fut composé comme il suit :

Affaires étrangères	*Jules Favre* —	Justice,	*Crémieux*
Intérieur,	*Gambetta* —	Finances,	*E. Picard*
Guerre,	*Gén. le Flô* —	Inst. pub., cultes,	*J. Simon*
Marine,	*Amiral Fourichon* —	Travaux publics,	*Dorian*

Agriculture et commerce : *Magnin*.

(2) Les élections furent différées au 8 février. Il y eut 753 députés.

le département de l'Orne, M. A. de Magnitot fut remplacé comme préfet par M. Albert Christophle (1) ; M. Chartier (2), membre du barreau de Mortagne, fut nommé sous-préfet du même arrondissement.

Un comité de défense déparmental fut organisé, comptant d'abord parmi ses membres un conseiller par arrondissement (3), mais, à partir du 21 septembre, le conseil général se déclara en permanence, et le comité de défense resta exclusivement composé de M. le préfet de l'Orne, le général commandant le département, le général de Boistertre, l'ingénieur en chef des ponts et chaussées, Lherminier, avocat à Alençon, Libert, docteur-médecin, et des délégués désignés dans chaque canton.

M. de Marcère (Emile), conseiller à la cour de Douai, fut directeur général de la défense départementale et chargé, à ce titre, de veiller, dans toute l'étendue du département, à l'exécution des mesures arrêtées par le comité de défense.

Une des premières mesures recommandées aux propriétaires et cultivateurs du département, ce fut de battre immédiatement tous les grains en meule ou en grange, et de les inviter

(1) Le même qui est aujourd'hui gouverneur du Crédit Foncier.

(2) Le même qui est redevenu aujourd'hui avocat, au barreau de Mortagne.

(3) Alençon, M. *Sénéchal* ; Argentan, M. le duc d'*Audiffret-Pasquier* ; Domfront, vicomte *de la Ferrière* ; Mortagne, M. *Dugué de la Fauconnerie*.

à prendre de telles précautions que la prévoyance leur suggérerait, pour que les fourrageurs ne pussent les découvrir. On invita les habitants de l'Orne à s'assurer, dans la partie ouest du département, même en Bretagne et au-delà de la Loire, des locaux et des herbages où ils pourraient conduire leurs bestiaux, dès que la présence de l'ennemi serait signalée.

En même temps, l'ingénier en chef, M. du Haut-Plessis, les ingénieurs ordinaires, les conducteurs et quelques agents-voyers reçurent l'ordre de combattre l'approche de l'ennemi par un sytême de fossés et de fortifications formées de terres et d'amas d'arbres accumulés que l'on nomma des *Barricades*.

Nous indiquons dans le tableau suivant les conducteurs et agents-voyers qui furent chargés dans le Perche d'organiser la défense.

Postes établis par le Comité de Défense

DANS LE PERCHE OU DANS SON VOISINAGE

Le 20 septembre 1870

Nos	*Noms des postes*	*Noms des chefs de poste*
1	Alençon	Guéroult, conduct. Lecamus, ag.-voy.
2	Le Mêle	Mareignay, brigad.
3	Sèes	Chauvin, conduct.
4	La Gravelle	Loyer
5	Bellême	Hardy, cond. Ppal
6	Rémalard	Mousset, agent-v.
7	Longny	Havard, agent-v.
8	Mortagne	Héron, cond. Ppal Chevrier, ag.-voyer

Dans les circonstances graves qui se préparaient, on rappela aux habitants les dispositions de l'art. 5 de la convention signée à Genève le 22 août 1864, et ratifiée diplomatiquement par toutes les puissances européennes :

Art. 5.— Les habitants du pays qui porteront secours aux blessés seront respectés et demeureront libres. Les généraux des puissances belligérantes auront pour mission de prévenir les habitants de l'appel fait à leur humanité, et de la neutralité qui en sera la conséquence. Tout blessé recueilli et soigné dans une maison y servira de sauvegarde. L'habitant qui aura recueilli chez lui des blessés sera dispensé du logement des troupes ainsi que d'une partie des contributions de guerre qui seraient imposées.

Art. 6.— Les militaires blessés ou malades seront recueillis et soignés, à quelque nation qu'ils appartiennent.

Art. 7. — Un drapeau distinctif et uniforme sera adopté pour les hôpitaux, les ambulances et les évacuations ; il devra être en toute circonstance accompagné du drapeau national; un brassard sera également admis pour le personnel neutralisé, mais la délivrance en sera laissée à l'autorité militaire, le drapeau et le brassard porteront croix rouge sur fond blanc.

Le général Malherbe, commandant de la subdivision, déclara le département de l'Orne en *état de guerre*.

Les forces militaires du département de l'Orne se composaient de gardes nationales locales, de gardes mobiles et de mobilisés. Nous n'avons pas ici à apprécier l'instruction militaire, l'armement ni les forces de ces différents corps, mais nous devons indiquer la composition des deux armées qui se trouvèrent en présence pendant le cours de cette période, en empruntant ces renseignements, pour l'armée allemande, à l'ouvrage intitulé : *La Guerre franco-allemande*, rédigé par la section historique du grand-état major prussien ; pour l'armée française de la Loire, au livre si intéressant publié par le général *Chanzy*, son courageux et habile chef.

ARMÉE ALLEMANDE

Nous ferons remarquer d'abord que le corps d'armée se compose de deux divisions, la division de deux brigades. Les numéros de ces corps, divisions et brigades se suivent régulièrement. (1)

Chaque corps se compose de 25 bataillons.

Commandant en chef : feld-maréchal prince Frédéric-Charles.

Chef d'état-major: général-major de Stiehle.

IIIe CORPS D'ARMÉE

Commandant-général : lieutenant d'Alvensleben.

Chef d'état-major: colonel de Voigts-Rhetz.

---

(1) C'est à dire que le 1er corps comprend la 1re et 2e divisions et les brigades 1, 2, 3 et 4.

5e DIVISION D'INFANTERIE : général-lieutenant de Stulpnagel.

9e *brigade d'infanterie* : général-major de Dœring, 8e et 48e régiments.

10e *brigade d'infanterie* : général-major de Schwerin; 12e et 52e régiments.

3e Bataillon de chasseurs.
12e Dragons.

6e DIVISION D'INFANTERIE : général-lieutenant baron de Buddenbrock.

11e *brigade d'infanterie* : général-major de Rothmaler ; 20e et 35e.

2e Dragons.

Total : 25 bataillons, 8 escadrons, 90 canons.

IXe CORPS

Commandant : général d'infanterie de Manstein.

Chef d'état-major: major Bronsard de Schellendorf.

18e DIVISION D'INFANTERIE : général-lieutenant baron de Wrangel.

35e *brigade d'infanterie* : général-major de Blumenthal, 36e et 84e.

36e *brigade d'infanterie* : général-major de Below, 11e et 85e.

9e Bataillons de chassseurs.
6e Dragons

25e DIVISION (hessoise) : général-lieutenant prince Louis de Hesse.

49e *brigade d'infanterie* : général-major de Wittich, 1er et 2e régiments d'infanterie, 1er bataillon de chasseurs.

50e *brigade d'infanterie* : général-major de Lyncker, 3e et 4e régiments d'infanterie, 2e bataillon de chasseurs.

25e *brigade de cavalerie* (hessoise) : général-major de Schlotteim, 1er et 2e régiments de cavalerie.

Total : 23 bataillons, 12 escadrons. 90 canons.

Xe CORPS

Commandant, général d'infanterie : de Voigts-Rhetz.

Chef d'état-major: lieutenant-colonel de Caprivi.

19e DIVISION D'INFANTERIE : général lieute- de Schwars-Koppers.

37e *brigade d'infanterie* : colonel Lehmann, 78e et 91e

38e *brigade d'infanterie* : général-major de Wedell, 16e et 57e.

9e dragons.

20e DIVISION D'INFANTERIE : général-major de Kraatz-Koschlau.

39ᵉ *brigade d'infanterie* : général-major de Woyna, 56ᵉ et 79ᵉ.

40ᵉ *brigade d'infanterie* : général-major de Diringshofen, 17ᵉ et 92ᵉ.

10ᵉ bataillon de chasseurs.
16ᵉ dragons.

Total : 25 bataillons, 8 escadrons, 90 canons.

XIIIᵉ CORPS

Commandant en chef : grand-duc de Mecklembourg-Schwerin.

Chef d'état-major : colonel Kresnki.

17ᵉ DIVISION D'INFANTERIE : lieutenant-général de Schimmelmann.

33ᵉ *brigade d'infanterie* : général-major baron de Kottwitz, 75ᵉ et 76ᵉ régiments d'infanterie.

34ᵉ *Brigade d'infanterie* : colonel de Manteuffel, 89ᵉ et 90ᵉ régiments d'infanterie.

14ᵉ Chasseurs.

17ᵉ *Brigade de cavalerie* : général-major de Rauch, 17ₑ et 18ᵉ dragons, 11ᵉ uhlans.

22ᵉ DIVISION D'INFANTERIE : lieutenant-général de Gersdoff.

43ᵉ *brigade d'infanterie*: colonel de Kontzki, 32ᵉ et 95ᵉ régiments d'infanterie.

44e brigade d'infanterie : général-major de Schkopp, 83e et 94e régiments d'infanterie.

13e régiment de hussards.

Artillerie de corps : colonel d'Oppeln-Bronikowski, 36 pièces.

Total: 25 bataillons, 16 escadrons, 96 pièces.

2e DIVISION DE CAVALERIE: lieutenant-général comte de Stolberg-Wernigerode.

3e *brigade* : général de Colomb, 1er régiment de cuirassiers, 2e uhlans.

4e *brigade* : général-major baron de Barneckow, 1er et 5e hussards.

5e *brigade* : général-major de Baumbach, 4e et 6e hussards.

2 batteries d'artillerie.

Total : 24 escadrons, 12 pièces.

4e DIVISION DE CAVALERIE : S.A.R. le prince Albrecht de Prusse (père).

8e *brigade* : général-major de Hontheim, 5e cuirassiers, 16e uhlans.

9e *brigade* : général de Bernhardi, 1er et 6e uhlans.

10e *brigade*: général de Krosigk, 2e hussards, 5e dragons.

2 batteries d'artillerie.

Total: 24 escadrons, 12 pièces.

5e DIVISION DE CAVALERIE : lieutenant-général baron de Rheinbaben.

11e *brigade*: général-major de Barby, 4e cuirassiers, 13e uhlans, 19e dragons.

12e *brigade* : général-major de Bredow, 7e cuirassiers, 16e uhlans, 13e dragons.

13e *brigade* : général-major de Redern, 10, 11e et 17e hussards.

2 batteries d'artillerie.

Total : 36 escadrons, 12 pièces.

Total général du XIIIe corps : 25 bataillons, 100 escadrons, 132 pièces.

Si nous additionnons entre eux le nombre des bataillons, escadrons, pièces d'artillerie compris dans les quatre corps d'armée dont nous venons de donner la composition, nous arrivons à un total de 98 bataillons, 128 escadrons et 402 pièces de canon.

Or, en comptant le bataillon de 1,000 hommes et l'escadron de 150, on obtient : 98,000 hommes d'infanterie et 19,200 hommes de cavalerie ; total : 117,200 hommes, plus l'artillerie, c'est-à-dire en chiffres ronds environ 120,000 hommes.

Tel devait être à peu près l'effectif de l'armée

placée sous le commandement suprême du feld-maréchal prince Frédéric-Charles.

La seule division de cavalerie dont il soit question dans les relations, en particulier dans celle de Rüstow, est la quatrième qui, à partir du 9 janvier, occupait Bonnétable et les environs.

Les deux autres ne sont pas nommées comme ayant pris part, d'une manière directe, aux divers engagements que nous nous proposons de raconter. Cependant elles ont dû, par leurs manœuvres, concourir au succès des troupes allemandes ; il est donc juste d'en ajouter l'effectif à celui des corps que nous avons enumérés.

ARMÉE FRANÇAISE

Voici maintenant la composition de la 2e armée de la Loire :

Commandant en chef : général de division, Chanzy.

Chef d'Etat-major général : Vuillemot, général de brigade.

Commandant l'artillerie de l'armée: général Robinot-Marcy.

Commandant le génie de l'armée : général Javain.

16e CORPS

Commandant : amiral Jauréguiberry.

1re DIVISION : général Deplanque.

1e *brigade*: colonel Ribell, 37e et 62e de marche, 33e mobiles (Sarthe).

2e *brigade* : colonel Péreira, 39e de marche, 75e mobiles, (Loir-et-Cher), 3e bataillon de chasseurs à pied.

2e DIVISION : général Barry.

1re *brigade* : général Desmaisons, 38e de marche, 68e mobiles (Mayenne).

3e DIVISION : général de Curten (ne rejoignit pas pour la bataille du Mans).

DIVISION DE CAVALERIE : général Michel.

1re *brigade* : général Tripart, 1er hussards de marche, 2e mixte léger.

2e *brigade* : général Digard, 6e lanciers, 2e mixte léger.

3e *brigade* : général Abdelal, 3e cuirassiers, 4e dragons de marche (1).

(1) Ces dernières indications ne sont pas entièrement exactes ; la composition du 16e corps a beaucoup varié depuis le commencement de la campagne et le général Chanzy, à notre grande regret, n'a pas donné la composition de ce corps à l'époque de la bataille du Mans.

17e CORPS

Commandant : de Colomb, général de division.

Chef d'état-major général : de Forgemol.

Commandant de l'artillerie: Barbary de Langlade.

Commandant du génie, Charrier.

1re DIVISION : général de Roquebrune.

1e *brigade* : général Paris-Bevard, 41e de marche, 74e de mobiles, (Lot-et-Garonne).

2e *brigade* : colonel Faussemague, 43e de marche, 72e de mobiles (Cantal, Yonne), 11e bataillon de chasseurs à pied.

2e DIVISION : Dubois de Jancigny, Pâris, général auxiliaire.

1re *brigade* : colonel Koch, 10e bataillon de chasseurs, 48e de marche, 80e de mobiles (Isère), 64e de marche.

2e *brigade* : lieutenant-colonel Thibouville, 51e de marche, 85e mobiles (Gers).

3e DIVISION : de Jouffroy, général de division auxiliaire.

1re *brigade* : colonel de Jouffroy d'Abbasse, 1er bataillon de chasseurs, 45e de marche, 70e mobiles (Lot).

2e *brigade*: colonel Sautereau, 46e de marche, 76e mobiles (Ain, Aude, Isère).

DIVISION DE CAVALERIE : Guépratte.

1re *brigade* : de Landreville, 6e mixte léger, 4e lanciers de marche, 5e mixte de ligne.

2e *brigade* ; Barbut, 4e mixte léger, 4e et 7e cuirasssiers de marche.

21e CORPS

Commandant : Jaurès, général de division.

Chef d'état-major général : Loysel.

Commandant de l'artillerie : Suter.

Commandant du génie : d'Eudeville.

1re DIVISION: général Rousseau.

1e *brigade* : lieutenant-colonel Roux, 58e de marche, 13e bataillon de chasseurs à pied, 1er bataillon de mobiles des Deux-Sèvres; 1er bataillon de mobiles de la Loire-Inférieure, 1er bataillon des mobilisés de la Sarthe.

2e *brigade* : lieutenant-colonel de Villars, 26e de marche (3 compagnies), 94e de marche, (3 compagnies); 1er bataillon de mobiles de la Corrèze, 2e bataillon de mobiles du 90e (Sarthe et Corrèze), 49e de marche, 1er bataillon des mobilisés de la Sarthe.

Francs-tireurs: volontaires de la Dordogne, phalange niçoise, éclaireurs de la Sarthe, éclaireurs à cheval.

2e DIVISION : général Collin.

1re *brigade* : lieutenant-colonel de la Marlière, 10e bataillon d'infanterie de marine, 63e de mobiles (Eure-et-Loir), 6e bataillon de mobiles d'Ille-et-Vilaine, 4e bataillon de mobiles d'Eure-et-Loir, 56e de marche.

2e *brigade* : lieutenant-colonel des Moutis, 49e de mobiles (Orne), 99e de ligne (2 compagnies), 59e de marche, 41e de ligne (1 bataillon), 9e bataillon d'infanterie de marine.

Francs-tireurs : du Gard, de la Seine, de Mamers, de la Sarthe et d'Argentan.

3e DIVISION : général de Villeneuve.

1re *brigade* : lieutenant-colonel Stephanio, 78e mobiles (Vendée, Gironde, Lot-et-Garonne). 4e bataillon du Calvados, 4e bataillon du Finistère, bataillon de la Loire-Inférieure, 15e mob. (Calvados), 6e bataillon de fusiliers marins.

2e *brigade* : général du Temple, capitaine de frégate, 30e mobiles (Manche), 1er, 4e et 5e bataillons, 2e et 3e bataillons de la Manche, bataillon du Gard, bataillon des Côtes-du-Nord, 3e bataillon de fusiliers marins.

Francs-tireurs : d'Eure-et-Loir, des Alpes-Maritimes, de la Ferté-Macé.

4e DIVISION : général Gougeard, capitaine de frégate.

1re *brigade* : 3e bataillon des mobilisés de la Loire-Inférieure, 1er bataillon du 62e de ligne, 1er du 97e, 1er des mobilisés d'Ille-et-Vilaine, 1 détachement des 25e et 86e de ligne.

2e *brigade* : 1er bataillon du 19e ligne, 2e des mobiles de la Mayenne, 1 détachement de la légion étrangère, 1 des mobilisés du Morbihan, 1 des mobilisés de la Loire-Inférieure.

Détachés à Saint-Georges-du-Plain :

Bataillons de Brest, du Morbihan, de Quimper, de Saint-Brieuc, de la Loire-Inférieure, de la Vendée, de Lannion.

DIVISION DE CAVALERIE : général Guillou, 8e hussards, 1er hussards de marche, 3e mixte de cavalerie légère, 8e cuirassiers de marche. 6e dragons de marche, 8e mixte de cavalerie légère.

RÉSERVE DU CORPS D'ARMÉE

Brigade Collet : 1 bataillon de mobiles des Deux-Sèvres, 1 du Gard, 9e bataillon d'infanterie de marine. Détachements de fusiliers marins.

On le voit, le 21e corps se composait de :

1° Des troupes de Bretagne du général Gougeard, dite division des forces de Bretagne ;

2° Des bataillons de mobiles, troupes de ligne, mobilisés provenant du général Fiéreck, et qui avaient été disséminés en avant du Mans pendant tout le mois de novembre ;

3° De régiments de marche arrivant de l'Ouest et du Sud-Ouest (1).

Aux trois corps que nous avons déjà nommés, il faut ajouter les troupes du général Lebouëdec, dernier commandant du camp de Conlie, qui vint, dès le 10 janvier, se mettre sous les ordres de l'amiral Jauréguiberry, et qui fut chargé, dans la nuit du 11 au 12, de reprendre la Tuilerie, abandonnée par les mobilisés d'Ille-et-Vilaine.

Il faut ajouter encore cette brigade des mobilisés d'Ille-et-Vilaine, organisée et commandée par le général Lalande, ancien aide-de-camp du maréchal Bosquet.

Il serait difficile d'indiquer avec précision le nombre exact des troupes qui composaient chacun des corps de l'armée française, au moment de la bataille du Mans. Le 21e corps, moins souvent engagé et d'ailleurs plus nombreux que les autres dès l'époque de sa formation, devait compter entre cinquante et soixante mille hommes.

II.

La loi du 17 juillet 1870 appelait à l'activité la garde-mobile. Celle de l'Orne fut formée en 4 bataillons dans lesquels furent incorporés les

---

(1) Ch. Mengin, *Histoire de la deuxième armée de la Loire.*

mobiles d'Eure-et-Loir et d'autres départements. Il manquait 2 à 300 fusils à nos mobiles pour être complètement équipés. La provision de cartouches était insuffisante. Aussitôt le préfet télégraphia à Paris, à M. D. Aubigny qui en obtint 200,000 du gouvernement, ce qui fit 100 cartouches par mobile.

La garde nationale sédentaire, avait un armement incomplet et insuffisant. A peine le préfet put-il obtenir 4,400 fusils. Il s'adressa aux villes importantes et sollicita leur concours. Partout se manifesta une dose de bonne volonté. Mais les ressources matérielles faisaient défaut.

Les mairies réclamaient chaque jour de la préfecture des armes à tir rapide; car l'on ne pouvait songer à mettre en présence de l'ennemi des bataillons armés de fusils à percussion. On chercha à transformer les fusils à percussion en fusils à tabatière : c'est tout ce qu'on pouvait obtenir avec l'outillage dont on disposait.

En ce qui concerne les cartouches, on créa un atelier à Alençon. On en fabriqua de 2 à 3 mille par jour.

La poudre non plus ne fit pas défaut. A la suite d'un arrangement avec l'administration des contributions indirectes, on obtint la remise en entrepôt de dix mille kilos de poudre.

L'équipement de la garde nationale était indispensable pour lui donner un caractère d'armée régulière et la mettre à l'abri de la cruauté de l'ennemi.

On vota cinq cent mille francs pour armement, cinquante mille pour les fusils achetés et affectés aux colonnes mobiles dont l'organisation était urgente. Cinquante mille francs restèrent alloués aux travaux de défense; cinquante mille le furent pour achat d'effets d'équipement et d'habillement ; cent cinquante mille, à la solde des corps mobilisés, aux soutiens de famille, en tout huit cent mille francs.

Au 7 octobre, on reçut d'Angleterre un lot de deux mille fusils Chassepot. On traita avec une maison d'Alençon de la confection de quatre mille vareuses destinées à la Garde nationale, de cinq mille képis. Les ateliers de cartouches reçurent de nouvelles commandes, facilitées par la réception de plus de trois cent mille cartouches données par le gouvernement.

En comptant 1 millier de fusils arrivés de Brest, on eut sept mille quatre cents armes à mettre entre les mains des mobilisés, chiffre insuffisant sans doute, mais qui fit attendre plus patiemment les envois successifs du gouvernement.

Il était urgent de former des corps de francs-tireurs, d'éclaireurs soit à pied, soit à cheval. Huit de ces corps furent bientôt en voie d'organisation. Les jeunes gens qui possédaient des chevaux durent s'équiper eux-mêmes ; car il n'existait pas de cavalerie départementale. La mobile fut heureuse d'accepter le concours de ces éclaireurs à cheval, et il en fut incorporé trente par bataillon.

A Bellême, M. Louis de Fontenay lança cette noble et énergique proclamation.

« *Français, aux armes !*

Habitants du canton de Bellême,

La patrie nous appelle, il nous faut la défendre.

Mes frères la servent, — seul je suis libre.

Notre famille, depuis plus de huit cents ans, est au milieu de vous, nos pères n'ont cessé de combattre ensemble. — Henri IV, dans un moment de crise, a écrit de sa main à Pierre de Fontenay pour lui dire de le venir joindre et qu'il avait toute sa confiance.

Ce n'est pas par orgueil que je vous rappelle ces choses, mais afin que, lorsque je viens vous dire que je saurai mourir pour vous, vous ajoutiez foi en moi.

Réunissons-nous, soit pour la défense de nos foyers, soit pour marcher en avant ; vous déciderez.

Je n'ambitionne pas de vous commander ; ce sera au plus digne ; je ne vous demande que de marcher au premier rang, d'être l'ami, le conseil de tous ceux qui se joindront à moi; tandis que le cœur me battra, vous ne m'appellerez pas en vain.

Vive la France !

L. DE FONTENAY

Les engagements sont reçus à la mairie de Bellême.

Malgré des appels réitérés, pleins de cœur, M. Louis de Fontenay, n'ayant pu organiser cette compagnie, s'engagea, en octobre, dans les volontaires de l'ouest, sous les ordres de M. de Cathelineau. Deux jeunes gens d'Igé, sa commune, ont tenu à l'accompagner : ce sont Pierre Gibierge et Eugène Simon. Le 22 octobre, ils ont rejoint leur corps à Amboise, et espéraient partir le lendemain pour aller au feu.

Le chef des volontaires de l'Ouest était M. de Charrette, qui abjurait toutes préoccupations politiques ou religieuses, pour dire à ceux qui consentiraient à le suivre:

« Autorisé par le Gouvernement à former, avec le régiment des zouaves pontificaux un corps qui prend le nom de *Légion des volontaires de l'ouest*, à cause de leur formation, je viens faire appel aux hommes de cœur de toute la France, qui ne sont pas encore incorporés, à tous ceux qui, de près ou de loin, ont appartenu au régiment.

« J'avertis que je veux former un corps sérieux, où règnera la plus grande discipline. Notre seule préoccupation est de défendre la France. C'est dans la ville de Tours que nous nous formons.

« J'espère que mon appel sera entendu et que nous pourrons prouver que le régiment des zouaves saura conserver ses traditions, qu'il sera le type de l'honneur, et qu'il se consacrera à la France, comme il s'est dévoué à la défense de Rome.

« Le ministre de la guerre nous a fait l'honneur d'envoyer trois de nos compagnies aux avant-gardes.

DE CHARRETTE. »

On manquait de canons. On s'adressa au général Fiéreck pour obtenir ces petits canons de l'artillerie de marine déposés alors à l'arsenal de Cherbourg où ils ne pouvaient être d'aucune utilité. Leur portée étant de 1,500 à 2,500 mètres, ils étaient donc susceptibles de rendre des services.

Telles furent les principales mesures arrêtées et prises par le Conseil général de l'Orne, dans sa session extraordinaire de 1870, du 19 septembre au 11 novembre 1870.

Un décret, rendu le 29 septembre 1870 par la délégation de Tours, prescrivit la mobilisation : 1° de tous les volontaires n'appartenant ni à l'armée régulière, ni à la garde nationale mobile, 2° de tous les Français de 21 à 40 ans, non mariés ou veufs sans enfants, résidant dans le département.

La garde nationale mobilisée du département de l'Orne fut divisée en trois légions, composées : la première de 3 bataillons, la deuxième aussi de 3 bataillons et la troisième de 4 bataillons, présentant un effectif total de 6,000 hommes et de 228 officiers.

Ces légions commandées, chacune par un lieutenant-colonel, ont été placées sous les ordres d'un commandant supérieur ayant rang de colonel.

Aux évènements de la campagne de 1870 et de 1871 ont pris part les mobiles, les mobilisés de l'Orne, les francs-tireurs d'Alençon, de l'Iton, de la Ferté-Macé et de Laigle.

Nous les verrons, dans ces récits, occuper une place distinguée par mi les défenseurs du pays.

Les mobiles de l'Orne ont pris une vive part aux combats de Chevisy, de la Loupe, de Thiron-Gardais, de Bretoncelles, de Lorges, de St-Remy-la-Chapelle, de Lembron et de Courcebœuf.

Le 49e régiment a fait preuve d'un tel courage à supporter les fatigues et les périls, que le colonel des Moutis regarde comme le plus grand honneur de sa vie d'avoir commandé des hommes aussi dévoués et aussi braves.

Les francs-tireurs de l'Iton, de 27 hommes qu'ils étaient, ont eu à Berchères 5 hommes blessés et 6 morts; ils soutinrent pendant trois quarts d'heure les charges d'un escadron de cavalerie qui les accablait et les enveloppait de toutes parts. Les francs-tireurs de la Ferté-Macé se sont aussi particulièrement distingués dans la campagne de Dreux.

Au 8 octobre 1870, la première voiture de l'ambulance volante des mobiles de l'Orne, était déjà en campagne. Le personnel de cette ambulance comprenait : MM. Albert *Chambay*, docteur-médecin ; Vital *Romet*, ancien pharmacien, chef de l'ambulance ; MM. *Cosnard*, employé de pharmacie et *Béhu*, ancien élève de Cluny, aides; MM. *Desmonts*, *Duparc*, *Leret*, et *Charpentier*, infirmiers.

La garde mobile de l'Orne fut divisée en 4 bataillons qui devaient être réunis le 2 août suivant, au chef-lieu de leurs arrondissements respectifs.

Les chefs de bataillon étaient :

1er bataillon — Alençon, commandant *Le Clerc*, chef de bataillon d'infanterie.

2e bataillon. — Argentan, commandant *Des Moutis*, lieutenant de cavalerie, démissionnaire.

3e bataillon. — Domfront, commandant *Bou-*

donnet, capitaine d'infanterie de marine, en retraite.

4e bataillon.— Mortagne, commandant comte *De la Ferronnays*, capitaine de cavalerie, démissionnaire.

Peu après, le commandant *Le Clerc*, ayant été nommé lieutenant-colonel, le capitaine *de Montaigu*, au 4e bataillon, lieutenant de cavalerie démissionnaire, le remplaça comme commandant du 1er bataillon.

L'armement, l'équipement, l'instruction se faisaient difficilement ; mais la bonne volonté ne manquait à personne. L'élection, décrétée par le gouvernement de la Défense nationale n'ayant pas, heureusement, été appliquée aux mobiles de l'Orne, ils gardèrent leurs chefs. L'équipement se compléta peu à peu et l'armement se perfectionna. On finit par avoir des chassepots et des cartouches; les mobiles se firent vite au maniement de l'arme perfectionnée.

III.

Aussitôt que le nouveau préfet de l'Orne fut installé à son poste, il invita par une circulaire tous les maires à réunir leurs conseils, pour faire acte de soumission et d'adhésion au gouvernement de la *Défense nationale*.

M. Petibon, maire depuis 21 ans, convoqua, le 12 septembre le conseil municipal de Bellême qui donna son adhésion formelle et énergique au principe du gouvernement de la République. Sur la demande d'un membre, M. le le maire fit partir immédiatement une copie séparée à M. le préfet du département de l'Orne, avec prière d'en faire l'envoi de suite au gouvernement de la *Défense nationale*. Tel fut le libellé de ladite délibération:

Le Conseil municipal de la ville de Bellême (Orne).

« A Messieurs les membres du gouvernement de Défense nationale de la République française.

Messieurs;

La France est envahie par l'étranger, et, devant cette honte,— triste héritage d'un régime qui s'est lâchement écroulé,— tout Français se sent frémir d'indignation.

Nous n'avons pas à rechercher les causes de cette calamité : le temps n'est ni aux phrases ni aux discussions.

Pour le moment il faut du dévouement, de l'union, de l'ordre, de la résolution.

Nous, conseillers municipaux, nous venons vous dire simplement mais résolument: « Nous sommes avec la *République basée sur l'ordre et le respect des droits de tous ;*

Nous sommes avec les membres de son gouvernement de défense nationale ;

Nous offrons à ce gouvernement notre dévouement le plus absolu.

Nous sommes prêts à tous les sacrifices, à toutes les résolutions pour le salut de la patrie.»

O. Leroy, Bouché Jne, L. Petibon, Seguin, Denin, Morice, Aubry, Morrière, Lory, Charles Mallet, Pierre Bouvier, Eugène Durand, P. Fromage, Pigeard, Poulet, Laurent Alexandre, A. Dumans, Dr M. V. Fettu, Brière Aîné, Hardy, Ballière.

Il y avait urgence à prendre les mesures capables d'assurer la défense du pays. Le conseil municipal pria (16 septembre) M. le préfet de vouloir bien compléter le plus promptement possible l'armement de la garde nationale avec des fusils à percussion.

Huit jours après (24 septembre) le maire proposait et faisait adopter par son conseil les mesures tendant à assurer l'alimentation de Bellême, en vue des éventualités de la guerre. Ces mesures obligeaient chaque boulanger à tenir constamment chez lui une réserve de 80 sacs de farine, en sus de son approvisionnement ordinaire. Elles révèlent la sage prévoyance de l'administration communale.

Avant de résigner ses fonctions de maire, M. Petibon voulut compléter l'ensemble des mesures de défense. Le 29 septembre, le conseil municipal votait, sur sa demande, d'urgence et à l'unanimité, les frais d'habillement des gardes nationaux :

Une vareuse en molleton noir avec patte rouge sur les épaules ;

Un pantalon gris bleu avec liseré rouge ;

Un képi bleu avec liseré rouge ;

Une cartouchière et un porte-baïonnette en cuir noir ;

M. Petibon obtint du département, moyennant 500 fr., ces objets d'équipement pour 400 gardes nationaux. Ce fut le dernier acte de son administration : le 2 octobre, malgré le conseil de ses amis, il se démit de ses fonctions; mais, « bon citoyen, il continua de prêter l'appui de ses lumières à la ville dans les circonstances les plus difficiles peut-être qu'elle eût jamais traversées. »

Le gouvernement de la Défense nationale

venait de rendre aux municipalités l'élection des maires. Le conseil élut un négociant du pays, M. Casimir Brière, bien connu pour ses opinions démocratiques. C'était un homme intègre et populaire dans tout le canton. Il choisit pour adjoints MM. Seguin, notaire, et Poulet, huissier; il fit preuve de tact et de jugement en conservant comme secrétaire, celui de l'ancien maire, un jeune homme nommé Colin (René), rempli d'intelligence et de sang-froid.

Les principaux fonctionnaires de Bellême étaient alors :

MM. Duval, curé doyen, récemment installé,

Parfait, juge de paix,

Chéron, receveur de l'enregistrement,

Abraham, receveur des contributions indirectes,

Leveau, percepteur des contributions directes,

Calpet (Mme), receveuse des postes,

Hardy, conducteur des Ponts-et-Chaussées,

Ballière, agent-voyer,

Renaudin, instituteur primaire, ayant pour adjoints
MM. Dujarrier et Bigeon.

MM. Martin, commissaire de police,

Broigne, brigadier de gendarmerie.

Le service médical se composait de MM. Fettu, Jousset et Bourgeois. Le premier ne devait pas être témoin de nos malheurs. Le 2 novembre, il était emporté, à l'âge de 60 ans à peine, par une cruelle et prompte maladie. Bellême perdait en lui un praticien habile et un de ses conseillers municipaux les plus regrettés: il ne devait pas tarder à être remplacé par M. Liégeard, dont la clientèle égala bientôt, si elle ne surpassa, celle de celui qui était resté, pendant 25 ans, chirurgien de notre hospice, et avait mérité la croix de la Légion d'honneur pour sa courageuse activité dans les épidémies. Le second était cet actif vieillard qui, aujourd'hui encore, à l'âge de 80 ans, partage son temps entre ses malades de l'hospice, ceux du dehors, les écoles du canton dont il est le délégué fidèle, et les constantes études d'archéologie et d'histoire locale qui ont fait le charme de sa vie. Quant à M. Bourgeois, c'était un jeune homme plein d'avenir qui, après avoir partagé avec M. Jousset les dangers et les fatigues de l'invasion allemande, quitta bientôt notre pays pour suivre la fortune d'une épouse charmante, sur les bords de l'Atlantique.

Dès le mois d'août, la garde nationale avait été organisée, en prévision des besoins de la défense nationale. Formée de quatre compagnies, elle eut pour commandant un marchand de fer nommé Pasquier et pour capitaines : MM. Cousin, Vacher, Billard, Ovide Leroy, tous les quatre encore pleins de vie. Chaque compagnie se composait de cent hommes : c'était donc un effectif de 400 hommes qui se réunissaient chaque dimanche pour apprendre le maniement du fusil à percussion, tel qu'on le possédait à cette époque. Au bout de deux mois, cent hommes au moins savaient marcher au pas et tirer à la cible. Nous disons *cent* hommes, car l'autorité municipale avait bien demandé à la préfecture les fusils nécessaires, mais elle ne les avait pas reçus.

Chaque homme était plein de bonne volonté; mais la vareuse, le pantalon gris-bleu, le képi, la cartouchière et le porte-baïonnette donnés par la ville, ne constituent pas le garde national : l'équipement lui donne seulement le caractère officiel de belligérant. Or, qu'est-ce qu'un belligérant sans armes ?

Un décret du 29 septembre 1870 avait mobilisé les vieux garçons de 21 à 40 ans.

Le 8 novembre, la municipalité de Bellême vota à l'unanimité, sous la présidence de M. Brière, maire, « des remerciements au capitaine Boussard pour les soins, la sollicitude, le dévouement et l'énergie qu'il avait apportés à l'organisation, l'instruction et la direction de la compagnie des gardes nationaux mobilisés du canton de Bellême. » On décida qu'un extrait de la présente délibération serait transmis, par les soins du maire, au capitaine Boussard.

Honorer le patriotisme, c'est l'encourager et provoquer l'éclosion des nobles sentiments. La reconnnaissance est d'ailleurs une vertu si rare qu'il nous semble un devoir de la signaler, quand elle se rencontre dans les municipalités.

Nous essayerons maintenant de retracer en quelques lignes, mais par ordre de date, les évènements qui, du 15 septembre au 21 novembre, sont restés gravés dans la mémoire des habitants de Bellême.

Lundi, 19 septembre. — Arrivée de 1,500 soldats à Bellême.

Jeudi 22. — Faux bruits sur le succès d'une sortie de Paris : 30,000 prisonniers et 30,000 hommes hors de combat, 40 canons pris à l'ennemi.

Vendredi 23. — On parle de couper les routes du pays par des barricades, en prévision des Prussiens.

Samedi 24. — Besnard, délégué de la défense départementale, va demander des armes à Alençon.

Mardi 27. — Encore des mobiles.

Lundi 3 octobre.— Toujours un temps splendide.

Mardi, 4 octobre.— Bien des gens pensent à quitter Bellême.

Vendredi 21. — Une dépêche de ce jour apprend aux Parisiens la noble défense (18 octobre) de Châteaudun, ville ouverte, assaillie par un corps de 5,000 Prussiens. La ville n'avait pas été occupée, mais bombardée, incendiée. Après avoir perdu 1,800 hommes, les Prussiens s'étaient établis sur des ruines. — Ce même jour, reconnaissance infructueuse du général Ducrot, à la tête de 11,000 hommes dans la direction de Rueil, la Malmaison, la Jonchère.

Samedi 22. — Brouillard épais. Mauvaises nouvelles : on dit que les Prussiens marchent sur Chartres.

Mercredi 26. — Chartres s'est rendu hier sans combat. — Les ennemis marchent sur Courville.

Vendredi 28. — On dit les Prussiens à Courville ; 5,000 seraient en avant avec quarante canons.

Dimanche 30. — On dit le soir que Bazaine a capitulé, le 26, dans Metz, avec 120,000 hommes.

Jeudi, 3 novembre. — Enterrement du docteur Fettu, mort le jour de la Toussaint après la grand'messe.

Vendredi 4. — On demande les vieux garçons. — Dans la journée du 31 octobre, la capitulation de Metz a jeté sur l'Hôtel-de-Ville de Paris une foule composée de plusieurs milliers de personnes. L'Hôtel-de-Ville a été envahi, un comité de salut public a été proclamé. Les membres du gouvernement ont été retenus pendant plusieurs heures comme ôtages. — Vers 8 heures du soir, le général Trochu, Emile Arago et Jules Ferry étaient arrachés des mains de la sédition par le 106e bataillon de la garde nationale, commandant Ilos. Jules Favre, Garnier-Pagès, Jules Simon, le général Tamisier, et le commandant du 106e demeuraient prisonniers.

Ce n'est que vers 3 heures du matin que ces scènes lamentables ont pris fin par l'intervention des bataillons de la garde nationale, accourus en grand nombre autour de l'Hôtel-de-Ville, sous la direction de J. Ferry.

Les cours intérieures ayant été occupées par la garde mobile, plusieurs détachements du 106e bataillon de la garde nationale, du 14e, du 4e, et les carabiniers du capitaine de Viesse ont fait évacuer les salles envahies,— tandis qu'au dehors les gardes nationaux, qui remplissaient la place, les quais et la rue de Rivoli, accueillaient par d'immenses acclamations le général Trochu passant sur le front des batteries. — Le 3 novembre, le gouvernement de la Défense nationale était acclamé à Paris par 557,936 oui contre 62,638 non.

Samedi 12 novembre. — Formation de trois armées dans les départements sous les généraux Chanzy, Faidherbe et Bourbaki.

L'armée de la Loire s'est montrée enfin ; le 10 au matin, les cloches d'Orléans et des villages environnants ont sonné à toute volée pour annoncer la victoire de Coulmiers. Trois divisions prussiennes commandées par le général prussien de Thann, avaient été engagées contre l'armée du général d'Aurelles.

Samedi 19 et dimanche 20. — On sait que Dreux est occupé par les Prussiens. — Plus de lettres de Paris. — Temps superbe, pas très froid. — On ne sait pas ce qui se passe dans le voisinage. — On dort encore, sans prévoir le deuil du lendemain et des jours suivants. Hélas !

CHAPITRE I.

Système des Allemands pour se ravitailler. — Leurs incursions dans l'Eure. — Les mobiles de l'Orne à Cherisy.

I.

Pendant leur marche de Sedan sur Paris, (septembre), les Allemands, privés du secours des chemins de fer, n'avaient pu que difficilement se ravitailler. A la fin d'octobre, le gouverneur de Reims, le grand-duc de Mecklembourg, couvre la voie ferrée de Nancy à Châlons; il exerce son action à l'ouest de cette ligne. L'invasion gagne du terrain, elle reçoit de nouvelles troupes. La lutte va se prolonger, elle va s'étendre à l'ouest, au nord et au centre.

Notre tâche est de la suivre à l'*ouest* seulement dans l'Orléanais, la Normandie et le Maine, pendant le blocus de Paris, qui immobilisa 200,000 Allemands.

La guerre n'est pas encore commencée en province: les Allemands en profitent pour faire rayonner leur nombreuse cavalerie dans tous les riches pays qui environnent la capitale. Par ce moyen, il sera possible de faire rentrer quelques vivres et d'alimenter les magasins.

En outre, on obtiendra des renseignements sur les préparatifs militaires de la France.

En troisième lieu, en s'emparant des approvisionnements à vingt ou trente lieues de Paris, on atteindra un double résultat :

On gênera considérablement la marche en avant des armées de province qui, — sûres de ne rien trouver dans un pays déjà dénudé par ordre français et dévasté ensuite par les Allemands, — seront obligés de se précautionner de nombreux convois; enfin, on rendra impossible une sortie de l'armée de Paris qui, n'ayant pas de base de ravitaillement, n'osera s'aventurer dans un *désert*.

Tels furent les divers mobiles qui poussèrent en avant les nombreux escadrons ennemis.

Les Allemands ne devaient rencontrer que quelques francs-tireurs, des paysans armés de mauvais fusils. Il s'agissait pour eux alors non de combattre, mais de réquisitionner, disons le mot, de *piller*. Pourvu que le détachement fût muni de voitures solidement construites, pour enlever le butin, et de tonneaux de pétrole, pour incendier, par-ci, par-là, un village récalcitrant, tout était bien.

Point de combat important, mais des *exécutions* nombreuses : un uhlan a-t-il disparu, un cuirassier a-t-il été enlevé, un hussard a-t-il été tué par quelque franc-tireur ; les Allemands fouilleront tout ce qui leur tombe sous la main. Que leur importent les atrocités sanglantes ? Après de faciles triomphes sur des paysans à peine armés, ils parviendront à alimenter les magasins de l'armée d'investissement de Paris.

C'est ainsi que tout le pays d'Eure-et-Loir était, depuis le commencement d'octobre, livré à l'ennemi ; sur certains points, la résistance des populations, gardes nationales ou mobiles, avait même été marquée par des faits d'armes honorables.

II.

A Cherisy, près de Dreux, six bataillons d'infanterie, deux régiments et une batterie d'artillerie prussiens avaient été repoussés par les habitants barricadés dans les rues. Les Prussiens avaient fait payer cher au village ses actes de courage : témoin le récit suivant que nous empruntons au pasteur Caillotte, et qui forme une écrasante et dramatique accusation contre les Allemands :

« Le samedi 8 octobre, 32 uhlans se présentèrent à Dreux, annonçant l'arrivée d'un corps d'armée pour lequel il fallait préparer de la nourriture et des logements.

Le maire répliqua qu'il prendrait les mesures nécessaires au moment de l'arrivée des troupes. Il pria les uhlans de se retirer, en leur disant qu'il ne répondait de rien s'ils pénétraient dans la ville.

En se retirant, ceux-ci demandèrent à Cherisy, charmant village situé sur la route de Paris, une contribution d'avoine et de bestiaux, qu'ils ne purent emmener, grâce aux francs-tireurs de Dreux qui les poursuivaient activement. Le lendemain, dimanche 9 octobre, un détachement plus considérable retourna au village pour réclamer le montant de la réquisition de la veille.

On lui en donna livraison; mais, au moment où il s'éloignait avec son butin, le détachement fut attaqué par les mêmes francs-tireurs, qui lui tuèrent 4 hommes, firent 7 prisonniers et l'obligèrent à abandonner sa proie.

Cet échec décida du sort de Cherisy. Le corps auquel appartenait le détachement était cantonné en partie à Houdan et en partie à Goussainville. Un officier logé dans le village déclara à son hôte, non sans beaucoup d'émotion, qu'il avait l'ordre de brûler Cherisy. En effet, le lundi 10 octobre, un corps considérable marcha sur le village de trois points différents. Un détachement de dragons de la reine formait la droite, deux escadrons de uhlans la gauche, et un bataillon d'infanterie le centre. Les uhlans se massèrent à un kilomètre environ de ma maison et restèrent près d'une heure immobiles.

Alors ils s'élancèrent au galop comme des furieux dans la direction de Cherisy. Un des uhlans arriva sur moi, le pistolet à la main en criant : « Gardes mobiles ! gardes mobiles ! »

Je lui fis signe qu'il n'y en avait point dans le village.

Les uhlans se conduisirent en vrais démons, frappant ceux qui ne pouvaient s'écarter assez vite sur leur passage, brandissant leurs sabres, poussant des cris effrayants.

J'avais sous les yeux une scène de la vie sauvage comme celles dépeintes par Livingstone ou Baker.

L'infanterie prit place sur une hauteur d'où

elle commandait le village. L'artillerie tirait dans toutes les directions pour faire évacuer le village; puis, lorsque l'officier qui commandait jugea que les habitants devaient s'être éloignés, il envoya un détachement pour mettre le feu.

Si Cherisy eût été un village purement agricole, l'accomplissement du crime n'aurait pas été difficile. Il aurait suffi de mettre le feu aux granges et de laisser l'élément destructeur achever son œuvre.

Mais, comme la route était bordée de maisons bourgeoises ne renfermant ni foin ni paille, on s'y prit diffféremment.

Le cas était prévu ; aussi les incendiaires étaient-ils munis d'une composition de pétrole dont ils arrosèrent les meubles, lits, tables, etc. puis ils y mirent le feu.

Un tel moyen ne pouvait manquer de réussir. Quarante maisons s'enflammèrent aussitôt, une seule ne prit pas feu, celle d'un épicier. Les soldats, ne trouvant dans la boutique que des barils de soude, de sel, de savon et d'autres matières peu inflammables, pénétrèrent dans une chambre du fond et arrosèrent de pétrole un coin du lit et un matelas préparés par le propriétaire pour un soldat blessé, puis ils y mirent le feu ; mais la flamme ne fit que lécher le pétrole sur le bois de lit et brûler une partie du matelas, qui était mouillé.

Ce bois de lit, ce matelas que j'ai vus, touchés, examinés, sont des preuves irrécusables, évidentes, que l'incendie de ce charmant village était un acte de barbarie et de la cruauté la plus criminelle. Des maisons vastes ont été brûlées sans qu'on se fût inquiété de savoir si elles ne renfermaient pas des personnes que l'âge ou la maladie rendait incapables de s'enfuir. Une pauvre femme, sur le point de donner le jour à un enfant, n'échappa aux flammes que par miracle.

Mais ce n'est pas tout. Lorsque les Prussiens virent qu'il leur était impossible d'entrer à Dreux, le même jour, ils se replièrent sur Houdan ; ils mirent le feu à toutes les maisons isolées qu'ils trouvèrent sur leur route. En arrivant au hameau de Mezengen, ils entrèrent dans la première ferme, magnifique établissement agricole, dont la porte d'entrée monumentale attire les regards de tous les voyageurs. Le fermier, terrifié par le sort de Cherisy, chercha à s'y soustraire en offrant tout ce qu'il possédait. Les soldats acceptèrent des rafraîchissements, mais ils n'en témoignèrent pas moins la sinistre intention d'exécuter les ordres barbares qu'ils avaient reçus.

Lorsque le fermier les vit prendre tranquillement des allumettes sur la cheminée, il les supplia avec des larmes, au nom de sa femme et de ses cinq enfants, de l'épargner. Vaines supplications, pleurs inutiles, les soldats, sans émotion, sans remords, se dirigèrent vers les granges pleines des produits de plusieurs années de travail, et y mirent le feu.

J'ai vu de ma fenêtre quatre habitations, sur l'espace de trois kilomètres qui rougissaient le ciel de cette lumière funèbre. C'est une scène qui remplissait le cœur d'une indescriptible tristesse. Vingt-quatre heures plus tard, je me rendis au hameau, dont les maisons n'étaient plus qu'un monceau de ruines. J'entrai dans cette ferme si prospère naguère, et je vis dans un des bâtiments, situé à gauche, un feu effrayant ; c'étaient les restes des greniers de grains qui se consumaient lentement.

Dois-je parler de la conduite des soldats à l'égard des prisonniers? Ici nous voyons la force brutale s'étaler sans contrainte.

Dimanche, un jeune homme de cette commune s'en était allé, poussé par la curiosité, dans la direction de Cherisy, pour voir ce qui se passait. Sa jeunesse aurait dû le protéger, car il ne paraît pas avoir plus de quinze ans, bien qu'il en ait dix-huit en réalité. A peine était-il entré dans le village, qu'il fut fait prisonnier avec plusieurs autres. Un soldat saisit son bâton et l'en frappa.

Le malheureux, avec douze compagnons d'infortune fut alors dirigé sur Houdan (Seine-et-Oise), où le détachement tenait garnison. Ils y passèrent la nuit dans la plus épouvantable agonie, car les soldats avaient fait entendre qu'ils allaient être mis à mort. Le jour suivant, le lundi, ils furent ramenés par le régiment qui allait attaquer Dreux ; on les plaça, avec une cruauté inouïe, derrière les batteries qui canonnaient Cherisy, de manière à être les premiers atteints par les balles des francs-tireurs ou des mobiles.

Comme on ne leur avait rien donné à manger, ils arrachaient des carottes dans les champs, tout en marchant, pour apaiser leur faim. Enfin les Prussiens se retirèrent, emmenant avec eux leurs prisonniers. L'un de ces malheureux, qui était garde national, avait des cartouches dans ses poches ; l'ennemi les découvrit, ce fut le signal de la mort de cet infortuné qui fut aussitôt fusillé. Son corps fut jeté dans un fossé. On ramena les autres prisonniers au bâtiment où ils avaient passé la nuit précédente. On ne leur donna aucune nourriture ; ils furent maltraités, brutalisés et menacés du même sort que leur camarade. La nuit ne fut qu'une longue torture.

Le lendemain matin, on les plaça en ligne comme pour les mener à l'exécution. Après un débat assez vif entre les officiers, onze des prisonniers furent renvoyés. Le douzième était un trompette des sapeurs et des mineurs d'une commune voisine. Il appartenait donc à un corps dont les officiers sont payés par le minis-de la guerre. Son uniforme aurait dû le préserver contre tout danger, depuis le moment où il s'était rendu. Mais, lisant son sort dans les yeux des officiers, il s'échappa et courut se réfugier dans une écurie où il fut lâchement massacré.

Le même corps d'armée devait revenir le 11 avec des forces plus considérables, pour prendre possession de Dreux et brûler mon village, sous le prétexte qu'un uhlan avait été tué sur le territoire de la commune : mais, au dernier moment, le commandant reçut ordre de se replier sur Versailles.

La terreur inspirée par les Allemands est telle que de tous côtés on n'entend parler que de suicides, de femmes qui se jettent dans les puits, de vieillards qui se pendent, de familles qui s'asphyxient. Bon nombre d'individus sont devenus fous.

Quand on pense que cette désolation s'étend à vingt-cinq lieues autour de Paris, sans compter les villages de l'est, ravagés, pillés, détruits, on peut juger des malheurs de la France.... »

III.

Le 9 octobre, à 9 heures du matin, la 4e compagnie du 2e bataillon des mobiles de l'Orne arrivait à la hauteur de Mezières, traversant l'Eure et se jetait dans le bois de Marceauceux. A onze heures, elle aperçut quelques escadrons, un peu d'infanterie et deux pièces de canon. Une faible fusillade s'engagea.

Vers 1 heure, trois des compagnies qui avaient fait fausse route rallièrent la quatrième. Le commandant Des Moutis en dirigea une sur Cherisy par le chemin qui longe la rivière ; une autre occupa les hauteurs sur la rive droite de l'Eure ; les deux dernières occupaient la gauche des Prussiens en s'avançant par les bois de Marceauceux.

L'ennemi tira une vingtaine de coups de canon qui n'atteignirent personne. En revanche, la fusillade des mobiles, bien dirigée, fit reculer précipitamment les artilleurs allemands vers Houdan.

Le lieutenant Baudry, ayant aperçu sur le pont de Cherisy un peloton d'infanterie ennemie qui gardait une réquisition et semblait oublié des siens, l'attaqua vigoureusement, tua sept hommes, en blessa quatre, et fit huit prisonniers.

A six heures du soir, les quatre compagnies rentraient à Dreux, presque intactes. L'adjudant Rageot, surpris le matin par l'ennemi sous un déguisement, et emmené à Houdan, pour être fusillé avec le meunier qui le conduisait, s'était échappé dans la bagarre et rejoignait ses braves camarades, en leur racontant la panique des Allemands.

Ce petit succès avait enflammé les courages, tout le monde était prêt à faire son devoir. Des gardes nationaux sédentaires, mais armés et sans chefs, qui avaient fait le coup de fusil, voulaient aller le lendemain au feu avec les mobiles.

Le 10 octobre, à 5 heures et demie du matin, le commandant Des Moutis se porta sur Cherisy avec ses 4 compagnies. Comme Dreux ne pouvait être défendu qu'avec du canon et que les Français n'avaient pas d'artillerie à leur disposition, il fallait se porter en avant et essayer d'arrêter l'ennemi.

A onze heures, la 4e compagnie, envoyée en éclaireurs, se replia sur Cherisy, annonçant l'arrivée de 2,000 Prussiens, artillerie, cavalerie, infanterie, divisée en trois colonnes. Un détachement de la garde nationale sédentaire de Laigle, mis en embuscade, fut obligé de se replier dès les premiers coups de canon.

Le 3e bataillon, fort de 1,400 hommes,(1) arrivait alors sur le terrain. Des Moutis divise cette petite troupe en deux colonnes pour essayer de tourner l'ennemi. Mais l'artillerie prussienne disperse la colonne que dirigeait le commandant Boudonnet. La seconde, commandée par le capitaine Boissieu et l'adjudant Rageot tient plus ferme.

Le mouvement tournant était manqué, mais tout le monde put se rallier à temps pour contenir l'ennemi.

Pendant ce temps, le 2e bataillon défendait héroïquement le pont de Cherisy. Dix fois les colonnes ennemies chargèrent ; dix fois les feux de peloton du capitaine Le Tessier et les balles des tirailleurs du capitaine Mazier les forcèrent à la retraite, le pont ne fut pas emporté.

Les Prussiens se retirèrent vers 4 heures, emmenant leurs pièces de canon, mais non pas tout leur monde : leurs colonnes d'attaque avaient été plus que décimées. Ils avaient inondé de pétrole, comme nous l'avons déjà dit, et brûlé Cherisy ; mais ce glorieux brasier servait de bûcher à trois cents Allemands.

Furent cités pour leur belle conduite pendant les journées des 9 et 10 octobre : Le ca-

---

(1) Commandant Bondonnet.

pitaine Le Tessier (1) ; le capitaine Mazier (2) ; le lieutenant de Foulques (3) ; le lieutenant Baudry (4) ; l'adjudant Rageot (5).

Les sergents-majors :

Décour (6) ; Loiseau, Morel (7) ; le sergent Dupuy.

L'insuffisance des moyens de résistance ne permettant pas de défendre plus longtemps la ville de Dreux, par ordre supérieur, le 2e bataillon partit pour Verneuil, et le 3e pour Laigle. Le 28 octobre, ils étaient réunis à Montigny.

Le 31, le commandant Des Moutis fut nommé lieutenant-colonel à la place de M. Leclerc, malade. Le capitaine Mazier fut nommé commandant du 2e bataillon.

---

(1) 2e bataillon, 4e compagnie, depuis commandant du 3e bataillon au 49e régiment (mobiles de l'Orne), blessé à Courcebœuf, 12 janvier 1871, decoré le 5 mai 1871.

(2) Depuis, commandant du 2e bataillon au 49e, décoré le 9 janvier 1871.

(3) Depuis, capitaine de la 7e compagnie du 2e bataillon au 49e, blessé à Courcebœuf, décoré le 29 juin 1871.

(4) 2e bataillon, 5e compagnie.

(5) Depuis, sous-lieutenant à la 7e compagnie du 2e bataillon, au 49e

(6) 2e bataillon, 4e compagnie au 4..e, tué à Lorges le 9 décembre 1870.

(7) Médaille militaire, 10 octobre 1871.

CHAPITRE II.

Les Prussiens dans Eure-et-Loir : Châteaudun. — Chartres ; Courville ; Landelles. — La Loupe. — Illiers. — Thiron. — La Fourche.

I.

Les Prussiens, continuant le système barbare de l'incendie appliqué aux villes et aux villages français coupables de résistance à l'Allemagne, avaient rançonné Epernon, Rambouillet, et incendié Ablis (Seine-et-Oise), en le passant au pétrole.

A Châteaudun, 18 octobre, la défense fut digne des temps héroïques de notre histoire.

Il s'y trouvait 700 volontaires du premier

bataillon de francs-tireurs de Paris, sous les ordres d'un Polonais, M. de Lipouski ; une compagnie de francs-tireurs de Nantes de 150 hommes ; une compagnie de francs-tireurs de Cannes, de 50 hommes ; des volontaires de Loir-et-Cher et 300 gardes nationaux dunois, sous les ordres de M. Testanière, capitaine de cavalerie en retraite. Pas un canon, pas un cavalier. En tout 1200 hommes au plus. Et contre eux marchait une division tout entière, la 22e division prussienne comprenant 12,000 hommes armés de 24 canons.

Par sa position aux confins du Perche, par les plaines de la Beauce, Châteaudun paraissait un point stratégique fort important pour les Prussiens, au moment surtout où ils venaient d'occuper Orléans. Aussi, si la défense fut pleine de patriotisme et d'ardeur et immortalisa Châteaudun, elle fit éclater la rage sourde et fanatique de la nation allemande qui donna le honteux spectacle de soudards incendiant au pétrole les portes et les murs.

Ce fut seulement le 19, au matin, que le général Koutski, installé à la gare du chemin de fer, permit aux Dunois d'éteindre le feu qui dévorait leurs maisons. Le 20, à cinq heures, la division prussienne se remit en marche, ayant en tête le prince Albrecht. Les flammes qui émergeaient des ruines étaient encore si vives qu'il faisait presque aussi clair qu'en plein jour.

Le gouvernement de Tours décréta que «Châteaudun avait bien mérité de la patrie. » Les ennemis eux-mêmes s'inclinèrent devant l'héroïsme de ses défenseurs. «Général, dit le prince Charles à Varize (Eure-et-Loir), faites respecter ces francs-tireurs, ce sont des soldats de Châteaudun ! »

De Chartres à Evreux, il n'y avait, pour défendre l'Ouest, que des mobiles, et le flot envahissant grossissait ; l'Allemagne lançait en France des contingents nouveaux.

Quelles furent, du 1er octobre au 18 novembre 1870, les opérations du 1er bataillon des mobiles de l'Orne? Nous allons l'indiquer ici sommairement :

Du 1er au 11 octobre, le 1er bataillon occupa, sans coup férir, la ligne de défense qui lui fut assignée, de l'hôtel Véron à Randonnai, au nord de la forêt du Perche. Le 11, il se rendit à Evreux pour concourir à la défense du département de l'Orne, sous le commandement du colonel Cassagne. Le 19, il était à Vernon. Le 20, à Nogent-le-Rotrou, il fut mis par le colonel Rousseau en observation sur la route de Chartres, et cantonné à Friaize, en avant de la forêt de Champrond. Il demeura ainsi en vedette jusqu'au 17 novembre, se familiarisant avec l'ennemi et l'inquiétant par quelques heureux coups de main : l'adjudant Mallet de

Vandègre avait formé un petit corps d'éclaireurs qui tuèrent à l'ennemi 8 éclaireurs, en blessèrent 11 et prirent 2 chevaux.

Nous retrouverons, le 18 novembre, le 1er et le 4e bataillon à Landelles, dont la 3e compagnie (capitaine Verrier), occupa le château.

II.

Le 25 octobre, 25,000 Prussiens occupèrent Chartres.

Par Chartres, les envahisseurs tenaient la Beauce, et la ligne de l'Ouest allait les rendre maîtres de Nogent, du Mans et de Tours, siège du gouvernement. Il était facile de prévoir que la Normandie et le Maine suivraient de près l'Orléanais.

Le 28, une colonne composée de 4,000 fantassins, 1,000 cavaliers et 16 pièces de canon, vint occuper Courville ; mais après avoir incendié plusieurs maisons, elle se replia précipitamment sur Chartres, où elle était rappelée par le canon de retraite.

Cette ville fut, du reste, défendue par les francs-tireurs de l'Hérault, appuyés par une compagnie du 4e bataillon des mobiles de l'Orne, qui se replia en défendant le terrain sur Pontgouin et la Loupe.

Le 17 novembre, vers midi, le 1er et le 4e bataillon de l'Orne furent attaqués à Landelles par 3,000 Allemands avec 8 pièces de canon. Soutenus par le 8e chasseurs de Vincennes et les mobiles du Finistère, ils se conduisirent vaillamment ; malgré un feu vif de mousqueterie et d'artillerie, ils maintinrent toutes leurs positions de grand'garde. Cette affaire, où le 4e bataillon reçut le baptême du feu, lui coûta 7 blessés. L'ennemi comptait 20 hommes hors de combat dont 12 tués, et parmi ceux-ci un capitaine et 2 officiers du 4e hussards bleus ; il se replia sur Courville, mais il ne devait pas tarder à prendre possession de la Loupe et, de là, s'acheminer vers le Mans.

III.

Un habitant qui rentrait chez lui, raconte ainsi l'arrivée des Prussiens à la Loupe, le 20 novembre.

« J'avais pris la voiture de Senonches, et nous étions déjà à quelque distance de la Loupe lors ue nous rencontrâmes les Prussiens au nombre de 12 à 15 mille. La diligence fut arrêtée et rentra dans la ville, escortée de quatre uhlans.

A peine étions-nous descendus que la place fut couverte de cavaliers, les soldats se précipitèrent immédiatement dans les maisons pour en explorer l'intérieur : ils voulaient s'assurer s'il y avait des armes, des mobiles ou des francs-tireurs de cachés. Malheur aux maisons dont les portes n'étaient pas ouvertes ! les portes volaient en éclats. J'ai vu briser ainsi celle du corps de garde : c'était aussi effrayant que triste. Nous ne savions ce qui allait nous arriver. Mais voilà que les chefs supérieurs arrivent, la visite cesse, les armes qui ont été découvertes sont apportées sur la place publique et brisées sur le pavé.

Les officiers sont ensuite entrés dans les maisons, ont fait choix d'une chambre et se sont retirés après avoir écrit à la craie, sur la porte d'entrée, leur nom et le nombre des chevaux qui pouvaient être logés, les soldats s'installaient par dix dans chaque chambre. Pour mon compte, j'ai eu un colonel, un commandant d'artillerie et un autre officier qui se sont partagé les chambres. Quant aux soldats, ils se sont installés dans la cuisine et dans la salle à manger où ils ont apporté de la paille. D'autres ont couché dans l'écurie derrière les chevaux du colonel, et dans la remise. Une vingtaine de chevaux ont été attachés dans la grange ; les Prussiens leur ont fait de la litière avec des gerbes d'avoine Il m'ont laissé le salon et nul n'y est entré. Les domestiques ont visité le placard de la salle à manger. Il s'y trouvait un cor de chasse ; l'un d'eux a cherché, mais en vain, à en tirer des sons ; ils s'est alors dédommagé sur le piano qui n'en peut depuis Tous m'ont paru très las de la guérre ; je leur ai entendu dire : « Napoléon et Bismark, cou coupé et mis dans la marmite ! »

Les caves des cafetiers et des aubergistes

envahies, pillées, sont à sec ; on a constaté en outre la disparition de beaucoup de linge et de divers objets.

Nous les avons supportés pendant trois jours; ils commandaient eux-mêmes leur déjeûner et leur dîner. Au bout du troisième jour, ils sont partis ne laissant qu'une centaine d'hommes qui ne sont restés que cinq jours ; un officier d'ordonnance que je logeais a laissé à son départ un magnifique chien d'arrêt répondant au nom de *prussien*.

Ils sont bien les mêmes partout, d'audacieux voleurs : chez plusieurs cultivateurs, ils ont enlevé les plus beaux chevaux des écuries, faisant accroire aux plus niais qu'ils les leur renverraient dès qu'ils n'en auraient plus besoin, mais on compte ceux qui sont revenus, et le nombre n'en est pas grand.»

IV.

Le 18 novembre, le 2e et le 3e bataillon des mobiles de l'Orne, restés sous les ordres du lieutenant colonel Des Moutis, soutinrent dans Illiers un terrible combat. La compagnie des francs-tireurs de Flers (capitaine Malherbe), faisait également partie de la petite troupe avec laquelle le lieutenant-colonel devait défendre le Perche, de Nouvillers à Péruchet.

Au milieu des ordres contradictoires, des alertes de tout genre, il s'était maintenu dans Illiers et s'y était fortement barricadé. Il allait toutefois évacuer cette dangereuse position devant un ordre supérieur lorsque le 18 novembre, à onze heures du matin, il sut que les Prussiens s'avançaient vers la ville. Il les attendit de pied ferme.

Le 2e bataillon, qui avait été envoyé le 10, partie à Méreglise, partie à Montigny, s'avança jusqu'à un kilomètre. Le 3e, qui était resté cantonné à Illiers, resta dans la ville pour concourir à sa défense.

Lorsque la cavalerie prussienne eut fouillé les abords de la ville et forcé les grand'gardes à se retirer, une batterie de six pièces de canon s'installa à quatre kilomètres d'Illiers et se mit à le bombarder sans relâche.

La moitié du bataillon se rendit à Saint-Emon entre les Châtelliers et Illiers. L'autre moitié resta en réserve.

Le 2e bataillon avait fait ses preuves. On installa les hommes derrière les barricades, et l'on put donner avec confiance aux officiers l'ordre de la défendre à tout prix.

Il était deux heures : le bombardement continuait, toutes les maisons d'Illiers brûlaient sur la route de Chartres et de Voves ; les troupes tenaient bon, les habitants supportaient héroïquement cette terrible épreuve.

A ce moment, du renfort arrive. Le lieutenant colonel Des Moutis se met à la tête de la réserve dont faisait partie la moitié du 2e bataillon, et tente un mouvement tournant, combiné avec les bataillons de la Manche. Mais les Prussiens, effrayés de cette manœuvre hardie, cessent leur feu et se retirent précipitamment sur Chartres.

Il était quatre heures et demie. Le bombardement avait duré près de cinq heures : toutes les maisons étaient percées, six brûlées. Nous avions 4 hommes tués et quinze blessés parmi lesquels le sous-lieutenant *Barré* (3e bataillon, 4e compagnie)..

Furent cités pour leur belle conduite pendant cette journée :

Les francs-tireurs de Flers, capitaine *Malherbe*;

Le commandant *Boudonnet*, 3e bataillon;

Le capitaine *Lessart*, 3e bataillon, 6e compagnie ;

Le sous-lieutenant *de Fontaine*, — depuis, lieutenant à la 1re compagnie du 2e bataillon, au 49e, blessé à Lorges, décoré le 10 décembre 1871.

Le 19, le 3e bataillon se retira à Montigny, le 2e resta à garder les retranchements de Méreglise, des Barres et de la Micotière.

Pendant ce temps, la défaite du colonel Marty livrait le Perche à l'ennemi et menaçait de couper la retraite aux combattants d'Illiers.

V.

21 novembre. — Le lieutenant-colonel des Moutis se replia sur Thiron avec sa colonne, qui se mit en marche à deux heures et demie du matin et arriva sans être inquiétée à Thiron, à huit heures. Le 3e bataillon, envoyé en reconnaissance à Frétigny, s'était replié en toute hâte en apercevant l'ennemi en grand nombre descendre sur Bretoncelles par Frétigny, et une autre colonne s'avancer en toute hâte sur Nogent-le-Rotrou.

Le 2e bataillon, qui avait été mis en grand' garde sur la route de Montigny, apercevant aussi une autre colonne ennemie, se replia, sur l'ordre du lieutenant-colonel. Il se trouva avec un bataillon de la Manche chargé de protéger la retraite.

De la solidité de ces deux bataillons dépendait le salut de la petite armée en retraite. Mais ils avaient des chassepots, du courage et ne faillirent point à leur devoir. Ils eurent pourtant à lutter contre le plus terrible des ennemis, contre la trahison.

A midi, comme l'affaire s'engageait, le capitaine de Failly (Manche), partit, sur l'indication d'un paysan, pour enlever 40 Bavarois soi-disant isolés dans une ferme. Or, les Bavarois étaient 400 qui répondirent à l'attaque audacieuse de leurs agresseurs par une sortie en masse. Les mobiles de Bourberouge tinrent bon, tuèrent la moitié des Allemands et rejoignirent lentement leur bataillon, après avoir perdu 60 hommes.

Grâce au courage et à la solidité des deux bataillons engagés, grâce à notre batterie de pièces de douze admirablement servie par les mobiles de Rennes, — grâce à la mitrailleuse dirigée par le lieutenant Baudry, qui put jouer utilement son terrible rôle, — le bataillon de la Manche put se débarrasser des Prussiens, et la troupe en retraite put gagner Authon vers 6 ou 7 heures du soir.

Seul, le 2e bataillon de l'Orne soutint longtemps le combat. Les Prussiens s'acharnaient sur lui ; un moment ils enveloppèrent la septième compagnie et ils allaient l'enlever; le feu était tellement meurtrier qu'un commencement d'hésitation, qui pouvait tout perdre, gagnait les plus braves.

C'est alors que le capitaine Le Tessier, dont la compagnie était la plus proche de la compagnie menacée, lança son cheval au galop et chargea l'ennemi en s'écriant : « A moi la 4e compagnie. »

La 4e compagnie entendit si bien la voix de son valeureux capitaine qu'elle dégagea la 7e compagnie, qui se battait à 3 kilomètres d'Authon.

Cent mobiles de la Manche et de l'Orne étaient restés sur le champ de bataille, mais ils avaient assuré la retraite de leurs camarades.

Furent cités, du bataillon de l'Orne :

Le capitaine *Le Tessier*, le commandant *Mazier*, le lieutenant *de Foulques*.

Le même jour, le 1e et le 4e bataillon étaient engagés à la Fourche et à Bretoncelles.

VI.

Dans la nuit du 19 au 20 novembre, le colonel Rousseau mit sous les ordres du commandant de Montaigu (1er bataillon des mobiles de l'Orne) une petite troupe composée des mobiles du Calvados et de la Sarthe, des francs-tireurs de la Sarthe et de la Manche, avec ordre de se replier sur la Fourche, si les circonstances l'exigeaient.

Cet ordre fut exécuté dans la nuit du 20 au 21 novembre. Le 1er bataillon de l'Orne suivit le mouvement de retraite à une heure du matin.

A la pointe du jour, les Prussiens arrivaient à Montireau, tuaient ou enlevaient quelques hommes de la 6e compagnie oubliés dans une ferme isolée.

En même temps, le 21 au matin, le commandant de Montaigu arrivait à la Fourche avec 3 bataillons. Il y trouvait le commandant de la Ferronnays (du 4e bataillon) avec un régiment de chasseurs.

On essaya de défendre la position,

La 1re compagnie du 1er bataillon de l'Orne fut chargée de défendre la barricade sur la route de Champrond; la 2e, celle de la route de la Loupe ; les autres compagnies s'étendaient à gauche en tirailleurs, une demi-section de la 3e surveillait Condé à l'avant-garde des autres.

Notre artillerie fit d'abord merveille, mais

lorsque les ennemis ajoutèrent une batterie de 6 pièces à la batterie de 12 qui nous avait d'abord canonnés, la partie ne fut plus égale. Le lieutenant de Marçay, malgré sa bravoure, dut déclarer au commandant de Montaigu qu'il fallait retirer l'artillerie, de ce moment sans utilité et en danger.

C'est alors que le 4e bataillon du Calvados et le 1er de l'Orne soutinrent pendant deux heures le choc de l'ennemi. Mais la position était si critique que, — vers 4 heures et demie, — le commandant de Montaigu donna l'ordre de se porter sur Nogent, en laissant la 6e et la 7e compagnie à 1 kilomètre en arrière pour protéger la retraite.

C'est ainsi que le commandant put ramener ses troupes à Nogent, où elles rentrèrent sous les ordres du colonel Rousseau.

La 1re compagnie se défendit jusqu'au dernier moment, commandée par le lieutenant Vallée, (1) qui fut blessé d'un éclat d'obus à la cuisse droite.

Le capitaine Lefèvre avait été tué. C'était un homme de foi et sincèrement dévoué à son pays: c'est l'honneur de la religion que d'inspirer le véritable patriotisme.

---

(1) Depuis, capitaine de la 1re compagnie du 1er bataillon au 49e, décoré le 16 novembre 1871.

Au début du combat, le capitaine Lefèvre, ancien maire de Marchemaisons, venait de prendre position devant l'ennemi, à la tête de la 5e compagnie du 1er bataillon des mobiles de l'Orne, lorsque, voyant approcher l'aumônier du bataillon, le R.-P. Cabirol, il va à sa rencontre et lui serrant la main :

« — Mon Père, dans deux ou trois jours j'aurai quelques mots à vous dire.

« — Pourquoi pas tout de suite, capitaine, répondit l'aumônier, la journée va être chaude.

« — Vous avez raison... Eh bien, tout de suite je suis à vous. »

Les soldats les virent alors s'éloigner ensemble, puis s'arrêter à quelques pas de là, près d'un talus. Le capitaine s'agenouilla en faisant le signe de la croix ; le prêtre leva sa main sur la tête du capitaine qui reçut l'absolution.

Une demi-heure était à peine écoulée, qu'il était frappé en pleine poitrine, foudroyé par un boulet.

Le capitaine Lefèvre était âgé de cinquante ans ; il avait servi et fait plusieurs campagnes en Afrique.

Ses jeunes soldats, qu'il appelait ses enfants, le pleurèrent comme un père, et le vieux curé de Condé, son parent et le guide de sa jeunesse, auquel il avait fait une dernière visite quelques jours auparavant, vint, quatre jours après le combat de la Fourche, rechercher et bénir les corps des braves mobiles qui avaient succombé. Il trouva le capitaine Lefèvre dans une fosse creusée à la hâte au milieu de la campagne, tandis que l'ennemi occupait le pays ; il le déposa pieusement dans un cercueil, dans le cimetière de Condé où repose encore, à côté de cinq compagnons d'armes frappés comme lui, l'homme de foi, qui était mort pour sa patrie.

Trois officiers avaient été blessés :

Le commandant de Montaigu (1) ;

Le lieutenant Vallée ;

Le sous-lieutenant Chaplain, depuis, capitaine de la 6e compagnie du 1er bataillon au 49e.

Le 1er bataillon de l'Orne avait perdu sous-officiers et soldats, tués, 20 ; blessés, 52.

Parmi ces derniers : Mâcle, caporal, 1er bataillon, 1re compagnie (2).

Taphorel, caporal, 1er bataillon, 2e compagnie (3).

(1) Décoré, 9 janvier 1871.
(2) Médaille militaire, 5 mai 1871.
(3) Médaille militaire, 10 décembre 1871.

Les 2 bataillons de l'Orne avaient lutté pendant 4 heures et demie contre 12,000 ennemis.

Le docteur Marcel Libert, chirurgien-major du 1er bataillon (1), n'ayant pas voulu abandonner les blessés, fut pris avec eux et retenu 3 jours, prisonnier des Prussiens, au mépris de la Convention de Genève ; pendant cette honorable captivité, il fut témoin du fait suivant qui atteste une fois de plus la cruauté des Allemands dans la guerre de 1870-71.

Deux mobiles du Calvados, ne pouvant rejoindre leur compagnie en retraite, s'étaient jetés dans l'ambulance. Un officier bavarois en découvre un, le fait sortir et fusiller à la porte. Pour sauver l'autre, le docteur Libert n'a que le temps de lui faire à la main une véritable blessure en feignant de le panser (2).

(1) Décoré le 5 mai 1871.

(2) Arrivé le 22 à Bellême, le 1er bataillon fut envoyé tout de suite à St-Ouen-de-la-Cour. Mais le pays était déjà envahi ; l'adjudant-major Geslain s'échappa à grand'peine à travers la forêt, après être tombé dans un poste prussien. Le 23, le 1er bataillon, qui s'était reformé à Mamers, gagna la Hutte sans coup férir et se rendit au Mans par le chemin de fer. Après avoir soutenu le combat du 21 novembre, il avait fait 32 lieues en 3 jours.

CHAPITRE III.

Les Prussiens dans l'Orne, Bretoncelles et Condé ; — Les mobiles à Bellême, le 21 novembre.

I.

L'engagement que nos mobiles de l'Orne et du Calvados eurent à la Fourche, leur fait plus d'honneur qu'on aurait pensé tout d'abord. Ils n'étaient pas plus de 3,000 et ils résistèrent pendant plus de cinq heures à deux divisions de l'armée prussienne qui formaient un effectif de plus de 15,000 hommes soutenus encore par deux batteries d'artillerie, tandis que les nôtres n'avaient que deux pièces de 12 et 4 petits obusiers.

Quand l'ordre leur fut donné de se replier sur la Fourche et d'y arrêter l'ennemi, ils étaient de 7 à 8,000 hommes, parmi lesquels des troupes de ligne; mais la plus grande partie de ces dernières reçut, dans la matinée du lundi, l'ordre de se replier sur Bretoncelles avec quelques bataillons de mobiles, de sorte qu'à la Fourche il ne resta que 3,000 hommes.

Deux retranchements furent immédiatement exécutés et les deux canons pointés du côté où l'ennemi était attendu. Vers midi, il se montra. Une colonne assez considérable, devant laquelle s'avançaient des soldats déployés en tirailleurs, marchait sur le village; les nôtres lui envoyèrent un obus, auquel répondit immédiatement le feu de 12 pièces qui couvrirent d'obus les points occupés par nos troupes ; une vive fusillade s'engagea de part et d'autre, mais l'ennemi souffrit plus que les mobiles qui tiraient à l'abri, sauf ceux du Calvados qui, moins habitués à la guerre, ne se mettaient pas à couvert.

Le feu de l'ennemi devenait de plus en plus précipité, une pluie de balles et d'obus tombait de tous côtés. A trois reprises différentes, les mobiles firent mine de se retirer ; mais leurs commandants, entre autres M. Montaigu, les ramenèrent énergiquement au feu.

Vers cinq heures, les Prussiens manœuvraient de manière à les cerner; le danger fut aperçu et le signal de la retraite fut donné. Cinquante hommes de notre côté furent mis hors de combat; les pertes de l'ennemi paraissent avoir atteint le chiffre de 200 hommes. On sut en effet, le lendemain de l'engagement qu'ils avaient enterré leurs morts sur place, que 70 blessés avaient été déposés à leur ambulance de Champrond, et que cinq fourgons contenant des soldats moins grièvement atteints avaient été dirigés au galop sur Chartres.

— Voici la liste des blessés appartenant au département de l'Orne, soignés par M. le docteur Libert.

Marie Renard, de Bellême, 1er bataillon, 1re compagnie, entorse du pied.

Gautier aîné, 1er bataillon. 3e compagnie, balle dans la hanche droite.

François Poupard, 1er bataillon, 2e compagnie, balle dans le poignet droit.

Paul-Louis Mâcle, 1er bataillon, 1re compagnie, balle ayant fracturé l'humérus droit.

Désiré Serré, né à Sèes, 1er bataillon, entorse du pied.

Pierre Launay, de la Sauvagère, 1er bataillon, 5e compagnie, blessé à la cuisse.

Dufour de la Thuilerie, balle dans l'épaule gauche.

Octave Baron, 1er bataillon, 4e compagnie, balle dans la cuisse.

Gustave Taforel, 1er bataillon, 2e compagnie, balle ayant traversé le côté droit.

Victor Adam, 1er bataillon, 3e compagnie, balle ayant traversé la cuisse droite.

La défaite complète du colonel Marty et sa retraite précipitée sur Mortagne rendaient fort précaire la situation des défenseurs de notre territoire.

D'ailleurs, il ne faut pas oublier que nous sommes au 21 novembre. La veille, le général Fierrech remettait le commandement au général Jaurès. Ce même jour, il dut y avoir, pour les troupes qui allaient former le 21e corps, comme un temps d'arrêt causé par le passage du commandement en d'autres mains ; les besoins de la défense au Mans ne permirent pas à Jaurès de disposer pour la Fourche et Bretoncelles des forces nécessaires pour tenir tête à l'armée allemande renforcée. Nos mobiles et les troupes de renfort furent donc en trop petit nombre.

Le 20 novembre, à deux heures du matin, le 4e bataillon de l'Orne était à Bretoncelles, ses avant-postes à Courvoisier.

Le 21 novembre, à six heures du matin, toute la ligne fut attaquée.

Les trois compagnies des avant-postes de Courvoisier tinrent jusqu'à 9 heures et demie, fusillant les ennemis qui arrivaient en colonnes serrées et tirant dans le tas. A cette heure, à peu près enveloppés, ils se retirèrent sur Bretoncelles, en bon ordre et se dérobant à l'ennemi, grâce à l'énergie et au sang-froid du capitaine Mauger, 4e bataillon, 7e compagnie (1).

A 10 heures et demie, l'ennemi attaquait Bretoncelles avec des forces considérables. Contre le flot des Prussiens qui arrivaient de tous côtés, que pouvaient faire quelques compagnies, dénuées d'armes de précision ou de munitions et, d'ailleurs prises bientôt entre deux feux ? Fallait-il sacrifier 3,000 hommes sans aucun espoir de succès ? Chaque soldat avait fait son devoir ; une plus longue résistance n'aurait servi qu'à consommer la ruine de Bretoncelles et à faire massacrer ses défenseurs. Le 4e bataillon avait 32 hommes tués, autant de blessés. Le sous-lieutenant Dufour de la Thuilerie (2) était grièvement blessé. Le commandant Mathieu avait été atteint d'une blessure mortelle.

On tint comme on put dans le cimetière de Bretoncelles ; le 4e bataillon disputa le terrain pied à pied. Mais, malgré ses efforts, il fut repoussé jusque dans Condé avec les autres troupes. Alors ce fut un pêle-mêle indescriptible ;

---

(1) Blessé à Lorges le 8 décembre 1870, décoré le 16 novembre 1871.

(2) Décoré le 16 novembre 1871.

la route de Condé fut couverte de mobiles, de chasseurs, marchant sans ordre et tâchant d'arriver avant leurs voisins. De Condé, la retraite s'effectua sur Bellême par Condeau, Verrières et Nocé.

Un habitant de Bretoncelles nous donne les détails suivants sur les désastres de ce malheureux bourg :

« Ma maison a été bouleversée de fond en comble, ma cave complètement vidée; 450 bouteilles de vin sont disparues, tout le linge qui n'avait pas été caché est emporté ou déchiré ; les appartements, remplis de paille, sont dans le plus grand désordre possible. Je ne suis malheureusement pas la seule victime : beaucoup ont subi le même sort. J'ai eu, pour ma part, 40 hommes et 40 chevaux.

Il paraît que l'ennemi a subi de grandes pertes, qui se comptent par centaines. Un officier prussien a été enterré, mardi 23, à deux heures du matin, dans le cimetière de Moutiers ; tous les Prussiens qui assistaient au convoi pleuraient en rentrant à l'auberge où ils étaient descendus. Ils ont fait promettre au curé de Moutiers de respecter leur mort, en lui assurant qu'ils auraient de grands égards pour la commune. »

Terminons par un épisode de l'occupation de Bretoncelles qui nous permettra de donner quelques détails sur les divers corps qui avaient donné dans cette sanglante journée du 21 novembre, marquée par tant de combats.

Nos malheureux artilleurs, après avoir défendu intrépidement la Fourche, étaient tombés fusillés sur leurs pièces par une effroyable décharge de mousqueterie qui avaient atteint en même temps les jeunes mobilisés de Rennes et trois mille mobiles chargés de tenir tête à plus de dix mille Prussiens.

Nous comptions 22 morts et une soixantaine de blessés, tandis que le duc de Mecklembourg avait déjà perdu 300 des siens et ramenait plus de 500 blessés ; mais son armée avait remporté des succès importants : elle avait battu, la veille, le commandant Duvrel à la Madeleine-Bouvet, et, ne trouvant pas de défenseurs à Champrond-en-Gâtine, avait poursuivi sa marche jusqu'à la butte de la Papottière, où elle s'était fortifiée pendant la nuit. Enfin un troisième corps était entré à Thiron, après une résistance héroïque des mobiles de l'Yonne qui, au nombre de 150 à peine, lui avaient tué plus de 250 hommes. Le duc était maître de la route de Nogent-le-Rotrou, et pouvait, le lendemain, y installer son quartier général.

Restait à vaincre la gauche de notre petite armée, qui gardait, à Bretoncelles, la ligne du chemin de fer de l'Ouest.

Cette position importante avait été confiée

au commandant de la Ferronnays, des mobiles de l'Orne. On lui avait envoyé de Cherbourg un bataillon d'infanterie de marine qui, après quarante-huit heures de fatigues et de jeûne, dut prendre part immédiatement à l'action.

Entre les collines des Cracotières et de Dardelin s'étend une étroite vallée qui donne accès à la route de Nogent-le-Rotrou. Le commandant Herbillon s'y établit avec l'infanterie de marine. Le capitaine *Pomcrelle*, avec une compagnie de son bataillon, se place en observation sur la colline de Dardelin.

Le commandant de la Ferronnays avait-il reçu l'ordre, comme on l'a dit, d'occuper les Cracotières avec ses mobiles et quatre canons ? C'est ce qu'il nous est impossible, faute de documents, de certifier ; mais ce qui arriva, c'est que les Prussiens, gravissant la butte à revers, y installèrent leurs canons et de là envoyèrent des obus sur Bretoncelles, puis enveloppèrent et firent prisonniers les marins d'Herbillon.

Cependant un homme, un héros, le capitaine Pommerelle reste avec sa compagnie et tient tête, sur la colline de Dardelin, à près de dix mille hommes armés de 60 canons. Bientôt ils ne sont plus que quarante, le tiers de leur effectif ; pendant trois heures et demie, ils tiennent tête à l'ennemi étonné de tant d'intrépidité. Enfin ils tombent tous, ces braves, morts ou blessés, semblables à ces héros antiques qui périrent en défendant la Grèce aux Thermopyles, et c'est en passant sur des cadavres épars que les Prussiens parviennent à s'établir sur la colline de Dardelin. Pomerelle tombe le dernier, atteint par un éclat d'obus qui lui brise une cuisse et par une balle qui lui traverse l'autre. Honneur aux soldats de l'infanterie de marine! Honneur au capitaine Pomerelle ! son nom vivra dans l'histoire avec ceux des marins du Vengeur.

II.

La journée du lundi, 21 novembre, fut, à Bellême, comme la préface de l'invasion prussienne.

La pluie tombait par torrents, et l'on eût dit que la nature préparait le deuil du lendemain.

Vers neuf heures du soir, vingt blessés arrivèrent à l'hospice de Bellême, amenés par l'ambulance de l'Orne, sous la direction aussi dévouée qu'intelligente du docteur Albert Chambay, d'Alençon ; M. Libert était resté sur le champ de bataille, prodiguant aux uns et aux autres ses soins les plus empressés.

Le bruit se répandit que ce premier convoi serait bientôt suivi d'un nouveau, plus nombreux encore ; et, de tous les points de la ville vous eussiez vu, comme par enchantement, arriver paillasses, matelas, traversins, couchettes en fer, en bois, draps, couvertures, une literie complète : chacun se faisait un devoir de venir en aide à ces braves mobiles qui, après avoir soutenu, dans une lutte inégale, le choc de l'armée prussienne à Senonches, à la Fourche, à Bretoncelles sur une ligne de plus de cinquante kilomètres, avaient parcouru en vingt-quatre heures 80 à 100 kilomètres, et arrivaient harassés de fatigue et démoralisés par l'insuccès de la journée. Si tous avaient des paroles de blâme pour le mouvement qui les avait laissés si peu nombreux aux prises avec plus de 15,000 Prussiens, tous aussi étaient unanimes dans l'éloge qu'ils faisaient de M. de Montaigu, *le brave des braves*, disaient-ils dans leur langage pittoresque. Nous avons également entendu citer avec honneur le commandant de Vains et les lieutenants-colonels, des Moutis et de la Ferronnays, qui commandaient chacun une brigade et s'étaient distingués dans les combats de Thiron, Bretoncelles, la Fourche et Corvées ; car, sur tous ces points différents, la lutte était engagée en même temps.

Chasseurs, infanterie de marine, soldats du génie, francs-tireurs du Var et de l'Hérault, mobiles du Morbihan, de la Corrèze, de l'Orne, etc. sept à huit mille hommes au moins, simples soldats, officiers, demandaient un abri et du pain : ils n'avaient pas mangé depuis 24 heures, et ils mouraient de faim. A peine pouvait-on trouver des logements pour un nombre d'hommes si considérable. Les maisons particulières, les classes de l'école communale, les salles de la mairie, l'église, les hangars, les magasins, les granges, tout fut converti en dortoirs, où les mobiles eurent pour lits au moins de la paille, et furent à l'abri de la pluie, qui tombait par torrents.

Chacun s'empressa de leur distribuer, selon ses moyens, du pain, du cidre ou du vin, de manière à réparer leurs forces défaillantes. Malheureusement, à cette heure de la journée, les provisions de chaque ménage étaient presque épuisées, et il ne restait chez les boulangers qu'une faible quantité de pain. Cette nuit-là, dans chaque maison, chacun eut ses hôtes qu'il traita comme des convives attardés, leur cédant sa chambre, son lit, et faisant tout cela de bonne grâce, comme si la famille eût reçu quelques amis échappés à un grand désastre.— Hélas! ce n'était plus des mobiles, mais des Prussiens, que nous devions loger le lendemain.

CHAPITRE IV.

Mardi, 22 novembre. — La barricade de l'Hôtel-Morin. — Les Zouaves pontificaux, l'infanterie de marine. — Le maire va au-devant du général prussien. — Entrée des Prussiens dans Bellême. — La nuit du 22 novembre : MM. Hardy, Baillère, Leveau.

I.

Mardi, 22 novembre. — Il n'avait cessé d'arriver toute la nuit, à divers intervalles, des mobiles, soit seuls, soit réunis par compagnies ; ils étaient accompagnés de quelques soldats de l'infanterie de marine et du génie qui, seuls, avec des troupes de ligne, non encore repliées sur Bretoncelles suivant l'ordre reçu dans la matinée du lundi, avaient soutenu, pendant cinq heures, le choc de deux divisions de l'armée prussienne. Ils remplissaient nos rues, nos places, nos promenades, nos maisons. On trouvait çà et là quelques malheureux, exténués de fatigue, ruisselants d'eau, couchés sur les trottoirs, sous les arbres et ne pouvant plus faire un pas en avant. On rencontrait à chaque instant de pauvres soldats demandant l'Hôtel-de-Ville ou implorant un abri pour le reste de la nuit.

L'autorité municipale, restée en permanence à la mairie, ne savait comment pourvoir à des besoins si pressants et si imprévus ; car aucune dépêche ne lui avait donné avis de ce qui venait de se passer. On s'ingénie, on envoie les uns à Serigny, à Saint-Martin, les autres au Gué-de-la-Chaîne, dans les fermes, dans les villages qui avoisinent la ville : dans ce désastre public, chacun est à la hauteur de son devoir. Les boulangers ont cuit toute la nuit, les bouchers ont renouvelé leur étal ; on court chez eux, on enlève rapidement ce qui est nécessaire aux besoins de la journée.

Cependant le nombre des blessés et surtout des hommes fatigués de la marche est considérable dans l'hospice, dans les ambulances, dans les maisons particulières. A huit heures du matin, on en évacue une partie sur Alençon et l'on dirige sur ce point, par les routes de Mamers et de Bellavilliers, la plus grande partie des malheureux qui ont passé la nuit à Bellême ou dans les environs.

A dix heures arrivent de nouveaux bataillons: ce sont les mobiles de la Manche et du Calvados, des soldats de la marine ou du génie, des chasseurs, tous ayant pris une part active au combat de la veille, tous mourant de faim, trempés jusqu'aux os, quelques-uns sans sacs, sans armes et maudissant le sort qui a trompé leur vaillance, en couronnant les efforts d'un ennemi cinq fois supérieur en nombre et pourvu d'une artillerie redoutable.

Quel désastre a donc été infligé à nos armes? Hélas, on ne le sait que trop, tous nos hôtes d'hier l'ont appris à qui voulait l'entendre : les Prussiens ont brûlé Bretoncelles, ils se sont emparés de la Fourche et ont dû entrer dans Nogent-le-Rotrou, musique en tête ; ils sont à la poursuite de nos bataillons de mobiles dispersés ; encore quelques heures et ils seront à Bellême !!!

Le colonel Rousseau arrive dans nos murs : c'est cet officier qui a été chargé par le comité d'Alençon de défendre Bellême, désigné comme un point stratégique fort important. La municipalité est informée de cette décision , la garde nationale prêtera son concours aux forces militaires qui doivent arriver dans la journée.

Les bataillons de mobiles, ralliés à Bellême,

ont pour toute artillerie une mitrailleuse, 2 pièces de montagne traînées par de pauvres haridelles, 2 pièces de canon. Chaque homme aura-t-il des fusils et des cartouches ? On se le demande, on craint que la journée du mercredi ne soit aussi néfaste à Bellême que l'a été celle de lundi à la Fourche....

Pendant qu'on se livre dans la ville à mille commentaires sur les évènements qui se préparent, le général de division Jaurès, de l'armée auxiliaire, (1) arrive, croyant trouver des bataillons repliés en bon ordre et disposés à prendre une éclatante révolte. Il apprend avec étonnement que les mobiles, dispersés et, d'ail-

(1) Jaurès, capitaine de vaisseau, avait été, par décret du 20 novembre, nommé général de division, commandant le 21e corps de l'armée auxiliaire. Appelés à servir sur terre, nos marins et nos officiers furent alors partout : à l'armée de la Loire, à l'armée de l'Ouest, à l'armée du Nord. Isolés ou avec leurs matelots, les officiers de la marine payèrent noblement de leur personne. En retraite ou en activité, ils mirent tous leur épée au service de leur pays. On les vit diriger les francs-tireurs, conduire les gardes-nationaux mobilisés ou commander les subdivisions militaires. Au début de la guerre, la marine avait un immense effort à produire. Il fallait armer de nombreuses escadres, lancer des nuées de croiseurs, disposer une flottille de canonnières, équiper une armée de transports prêts à emporter un corps expéditionnaire. Si nos forces militaires n'étaient point prêtes, nos forces navales l'étaient. La marine suffit à cet armement colossal, grâce à son organisation puissante, à son initiative, au zèle de ses officiers de toute arme, à la discipline de ses équipages, aux ressources de ses arsenaux et à cette grande pépinière de l'inscription maritime. Quand de tristes revers eurent frappé nos armes, un nouveau rôle leur fut assigné. Ce rôle, ils l'accomplirent d'une façon terrifiante pour l'ennemi, en prouvant aux Prussiens que la victoire n'est pas toujours du côté des gros bataillons, et en se faisant décimer plutôt que de reculer d'une semelle.

leurs, harassés de fatigue, sont incapables de prendre part à une nouvelle action, et que deux fortes colonnes ennemies s'avancent par Rémalard et par Nogent pour surprendre à Bellême les mobiles sans chefs ou sans armes, et sans une artillerie suffisante pour résister à un corps d'armée qui pouvait disposer de 80 pièces de canon.

Que conseillait la prudence ? — De ne pas tenter une lutte inégale dont l'issue ne pouvait être douteuse, quel que fût le courage des soldats et de leurs chefs. C'est ce que fit Jaurès, tout en regrettant d'avoir perdu cette occasion d'inaugurer son commandement dans l'Ouest par une action d'éclat.

Quand il fut décidé qu'on ne défendrait pas Bellême, on prit immédiatement les moyens de sauver les mobiles (1) qui couraient risque d'un moment à l'autre, d'être enveloppés et faits prisonniers. Il fallait arrêter, pendant quelques heures, les Prussiens à une distance assez éloignée de la ville et profiter de ce délai pour faire évacuer les mobiles : c'est ce qui fut décidé dans un conseil de guerre tenu à l'hôtel de l'Etoile, quartier général des officiers.

---

(1) Les Prussiens ne reconnaissaient pas alors les mobiles comme belligérants.

II.

Sur la route de Rémalard, à quatre kilomètres de Bellême, non loin de la ferme des Faverues, s'élève, vis-à-vis de l'Hôtel-Morin, un petit tertre où M. Hardy, d'après les instructions du comité de défense, avait rassemblé tous les obstacles, tranchées, fossés, abattis d'arbres propres à retarder la marche de l'ennemi. On envoie aussitôt cinq cents soldats de l'infanterie de marine avec quelques francs-tireurs, à la ferme, avec mission d'arrêter le plus longtemps possible les Prussiens à la barricade de l'Hôtel-Morin, que protège un petit bois voisin.

Vers trois heures du soir, quelques éclaireurs prussiens apparaissent, la fusillade s'engage. L'ennemi, croyant avoir affaire à un corps d'armée nombreux, braque ses canons sur le tertre de la Mariette et perce quatre fois le toit et les murs de la ferme, qui semble son objectif. Une colonne de 1,200 hommes environ arrive, s'empare de la ferme, située en contre-bas de la barricade, et s'y livre déjà à toutes sortes de déprédations.

Cependant les nôtres, protégés par leur position, tiennent toujours en échec les masses prussiennes, en tuent une centaine, en blessent un grand nombre. De note côté, nous comptions deux morts et huit blessés. Les Prussiens brûlent leurs morts dans un champ voisin ; ils emmènent leurs blessés dans trois voitures, mais ils enterrent avec un soin particulier deux de leurs morts (1), entre deux pommiers auxquels ils font une profonde incision. Exaspérés de rencontrer tant de résistance, ils envoient à travers champs des cavaliers chargés d'envelopper nos soldats ; mais ceux-ci ont prévu le danger, ils se retirent en tirailleurs et parviennent à échapper à la poursuite de l'ennemi.

Pendant que ces évènements se passaient à quelques portées de fusil de la ville, les mobiles, arrivés la veille, étaient dirigés sur Alençon par Mamers, Bellavilliers, Pervenchères. Il fallait se hâter, car les Prussiens arrivaient en force, et leurs colonnes serrées pouvaient forcer la barricade et faire de nombreux prisonniers parmi les mobiles attardés.

« Nous ignorions encore, dit, un témoin oculaire, presque complètement ce qui se passait au dehors. Nous voyions bien, de temps à autre, des gendarmes ou des officiers passer à cheval

(1) Sans doute deux de leurs chefs. Quelques jours après on découvrit, sur le lieu même du combat, un jeune officier, l'épée au côté, déposé en terre dans une auge ; un simple soldat, près de lui, était enterré sans précautions.

dans nos rues, puis revenir au galop, mais à peine pensions-nous au danger prochain qui nous menaçait. Plus insouciants que nous encore dormaient dans nos maisons de pauvres mobiles, fatigués, attardés ou arrivés à la dernière heure. Ils comptaient sur un sommeil réparateur pour reprendre le lendemain la route d'Alençon. Les malheureux ! ils ne dormirent pas longtemps.

III.

« Il est quatre heures. Quels sont ces soldats au vêtement bleu, à la marche silencieuse et cadencée ? Quel air martial ! quelle discipline ! Saluez les zouaves pontificaux accourus pour secourir Bellême ; ils n'y resteront qu'une heure, et bientôt vous les verrez passer de nouveau, admirables d'ordre, de bonne tenue, en frémissant d'avoir perdu l'occasion de se mesurer avec un ennemi qu'ils sont venus chercher de loin. Merci, braves soldats, et vous aussi, nous ne vous oublierons pas.

« Quand ils apprirent, ces braves, qu'on avait renoncé à défendre Bellême, ils se portèrent à la barricade, et, secondés par quelques soldats de l'infanterie de marine, furent le salut des mobiles, couvrirent leur retraite, et tinrent en échec les Prussiens pendant trois heures, en tuèrent une trentaine et en blessèrent un plus grand nombre.

« Le temps, « qui jamais ne s'arrête », a mesuré huit heures. Les réverbères fumeux, enveloppés dans la brume du soir, jettent depuis longtemps leur pâle lumière sur nos places et nos rues. « Mobiles, éveillez-vous, fuyez vite, les Prussiens ont franchi la barricade. » Et, en quelques minutes, nos rues sont encombrées d'hommes à demi éveillés, se dirigeant, suivant de vagues indications, sur les routes de Mamers, de Mortagne, de Saint-Martin, de Saint-Ouen, d'Igé, non par compagnies, mais au hasard, sans discipline, sans ordre, abandonnant leurs armes ou leurs sacs; quelques-uns même, voisins de la forêt cherchent un abri dans ses retraites profondes, espérant échapper à la poursuite de l'ennemi. O mon Dieu, sauvez-les !

IV.

« A peine les derniers mobiles ont-ils quitté nos demeures que des éclaireurs prussiens arrivent jusqu'aux portes de la ville. Quelques-uns même, déguisés en campagnards, se blottissent. à la faveur de l'obscurité, dans les impasses, dans les maisons en construction, et, semblables à des oiseaux de proie, épient les conversations ou les démarches des habitants. Ils sont déjà répandus dans tout Bellême qu'on semble les attendre encore. On ne les attendra pas longtemps.»

Vers neuf heures et demie, un homme qui habite les maisons voisines de l'Hôtel-Morin, arrive muni d'une lanterne et un bâton à la main : c'est un vieillard de soixante-quinze ans, le père Meignan, fermier de Mme Abrial, la propriétaire du château du Tertre, situé dans le voisinage.

Il se dirige vers l'Hôtel-de-Ville, où, depuis deux jours et deux nuits, la municipalité se tenait en permanence, et, au nom du général prussien, remet au maire une lettre qui l'invite à se rendre, de sa personne, à la maison du cantonnier, sise à quelque distance de l'Hôtel-Morin.

Le maire part, accompagné de MM. Aunet, notaire, Fromage père et Maurice Tessier, membres du conseil.

Aux portes de la ville, le magistrat municipal entre dans les lignes prussiennes, au milieu d'une escorte qui se referme sur lui; car les soldats prussiens ont reçu l'ordre de conduire le maire seul devant le général. Cependant, sur l'observation qui leur est faite que M. le maire ne sort pas sans être accompagné de son secrétaire, on autorise M. Maurice à l'accompagner en cette qualité.

Pendant ce temps, MM. Aunet et Fromage retournèrent vers Bellême pour faire, sur l'ordre des officiers ennemis, illuminer la ville et ouvrir les maisons.

Après vingt-cinq minutes de marche, au milieu d'une escorte prussienne, le maire et son secrétaire arrivent devant le général prussien.

« — Monsieur le maire, lui dit celui-ci, je vous ai mandé pour savoir si votre ville a l'intention de se défendre : dans ce cas je vous avertis que je vais la bombarder sur l'heure. »

Effectivement, des pièces de canon étaient déjà braquées, dans le champ le plus voisin de l'allée du Tertre, et, de cette éminence, on pouvait, en peu d'heures, faire de Bellême un monceau de ruines.

Sur l'assurance donnée par M. le maire que la ville n'opposerait aucune résistance, le général ajouta que le magistrat municipal répondait sur sa tête de tout acte d'hostilité commis sur l'armée prussienne. Le maire demanda, à son tour, et obtint qu'on respecterait les personnes et les propriétés. Nous verrons bientôt comment les Prussiens entendent et pratiquent ce respect.

V.

Entrée des Prussiens dans Bellême. — Il était dix heures du soir, et déjà les habitants, fatigués des deux nuits précédentes, se préparaient à se livrer au sommeil, lorsque des cris se font entendre:

« — Ouvrez portes, éclairez fenêtres. »

Et des hommes à cheval parcourent au galop nos places et nos rues, tandis que d'autres, la craie à la main, inscrivent sur les portes de chaque maison le nombre d'hommes à loger et à nourrir.

En un clin d'œil, la ville est illuminée et sillonnée en tous sens par l'armée prussienne. Malheur aux portes qui tardent à s'ouvrir! les serrures cèdent aux pesées, les portes sont enfoncées ; les vitres, brisées, volent en éclats. Malheur aux imprudents qui ont abandonné leurs maisons ! Ils ne retrouveront plus, a leur retour, leurs lits, leurs draps, leurs chemises, leurs gilets de flanelle, leurs chaussettes, les châles ou les bijoux de leurs femmes, leur argenterie, leur argent même ! »

L'entrée des Prussiens dans Bellême a été marquée par divers épisodes, parmi lesquels je choisis le suivant.

Au moment où leurs éclaireurs sondaient le terrain, vers neuf heures du soir, un mobile, nommé Tancrède, frappe sur l'épaule d'un soldat qu'il prend pour un Français.

« — Camarade, lui dit-il, il paraît qu'on se bat fort à la barricade.

L'autre, — c'était un soldat prussien, — pour toute réponse, le couche en joue.

Tancrède saisit le fusil ; une lutte corps à corps s'engage dans laquelle le Prussien est renversé. Mais celui-ci se relève, et, tandis que le mobile, sans armes, échappe à ses coups, son adversaire lâche la détente, et une balle va atteindre, — devinez qui? — un notaire prussien, père de trois enfants, qui n'a que le temps de faire son testament, et meurt deux jours après à l'hospice de Bellême.

VII.

La première visite des Prussiens fut pour

M. Hardy, conducteur des ponts-et-chaussées: ne le trouvant pas chez lui, ils voulurent mettre le feu à sa maison. Déjà ils avaient monté des tisons enflammés dans le grenier, lorsque, à la prière des braves gens, préposés à la garde de la maison, l'officier qui présidait au sac, consentit à donner contr'ordre.

Chez l'agent-voyer, une cinquantaine de Prussiens brisèrent les meubles, mirent le linge en morceaux et s'emparèrent des objets à leur convenance. Non contents de ce pillage, ils s'emparèrent de M. Ballière et, le pistolet sous la gorge, le conduisirent jusqu'à Igé où ils devaient le fusiller sur la première barricade. Par bonheur, comme il n'y en avait pas de ce côté, on le mit en liberté.

Les Prussiens recherchèrent aussi, chez lui, comme chez M. Hardy, les cartes et les plans exécutés pour la défense, mais chaque fonctionnaire avait fait disparaître les traces de sontravail et toutes leurs recherches n'aboutirent à rien. Ils se vengèrent de cet insuccès, en emmenant quelques lieues plus loin, un cantonnier nommé Daubert, qu'ils trouvèrent revêtu de sa blouse d'uniforme.

En arrivant à Bellême, les Prussiens savaient quelles personnes avaient exécuté les travaux de défense. On a dit qu'elles leur avaient été indiquées, sur leur passage, par des paysans.

Mais ne connaissaient-ils pas les ordres transmis à chaque municipalité par le gouvernement de la Défense nationale, et ne savaient-ils pas que, dans chaque localité, ces travaux étaient confiés aux conducteurs des ponts-et-chaussées, aidés des agents-voyers et des cantonniers.

Comment se passa la nuit du mardi au mercredi ?

— Hélas, c'est un triste récit à faire, et un volume suffirait à peine pour retracer tant d'infâmies. Enfants, écoutez-le pour le redire à vos enfants, afin que, plus tard, nos arrière-petits-fils aillent redemander aux envahisseurs vengeance des infâmies commises dans les maisons de leurs pères.

Quand ils eurent placé leurs chevaux dans les écuries, dans les granges, dans les maisons, et leur eurent donné pour litière, ici de la paille, là du foin, ailleurs des gerbes d'orge ou de blé, de la laine même (1) chez un négociant en laines, les Prussiens s'installèrent chez nous, de la cave au grenier, et, dans presque tous les ménages appartenant à la classe moyenne, ils furent d'une exigence brutale, se montrant en général, plus faciles, dit-on dans les maisons riches — « Jacques Bonhomme, tu as beau faire,

(1) Chez M. Durand, sur les Promenades.

toujours tu seras pillé ! » Ainsi pensèrent sans doute les envahisseurs. Pain, viande, beurre, pommes de terre, café, chocolat, sucre, vin, eau-de-vie, poules, oies, dindons, lapons, lapins, chats, tout ce qu'ils trouvèrent, ils se l'adjugèrent, par droit de conquête. Passe encore s'ils n'eussent pris que le nécessaire. Mais, comme s'ils eussent entrepris de narguer les habitants, on les vit, dans quelques maisons, briser les verres, les bouteilles, les assiettes, les plats en mille miettes, s'installer à la cave, et là, sommeliers avinés, se donner le stupide plaisir de se gorger de vin et d'eau-de-vie au pied d'une futaille, et remplir des barils et des bouteilles qu'ils portèrent dans divers logements.

Chez un cafetier voisin de l'Hôtel-de-Ville, lequel avait refusé de leur ouvrir une armoire, ils ont envahi ou brisé littéralement tout ce qu'ils ont trouvé dans la maison, laissant pour tout mobilier les paillasses et une pipe de cidre qui ne convenait pas à leur goût dédaigneux.

Quant aux lits de chaque maison, ils leur furent uniquement réservés.

« Nous maîtres ici, disaient-ils, nous maîtres ici, nous maîtres partout.»

Je pourrais citer une dame de 85 ans (1), que

(1) Madame Dubois, mère de M. Dubois de Saligny, actuellement maire de St-Martin-du-Vieux-Bellême. Elle habitait alors chez Mme Calpet, receveuse des postes.

des sous-officiers obligèrent, le pistolet au poing, à sortir de son lit, et qui se vit réduite à demeurer, dans le simple appareil d'une toilette de nuit, au milieu d'eux, dans un fauteuil. Dormir, et dormir dans un lit, surtout, ne fut, dans ces jours de deuil, le privilège que de quelques-uns.

Enfin, quand ils eurent bu, mangé comme des Allemands — ce qui veut dire « comme quatre » — pillé, saccagé les boutiques des épiciers, merciers, cafetiers, marchands de vin, de nouveautés, de fer, de coutellerie, de ferblanterie et autres, ceux qui ne trouvaient pas assez de lits ou des lits assez confortables dans leurs logements, se répandirent dans des maisons d'où ils rapportèrent matelas, draps, couvertures, linge de corps, vêtements d'hommes et de femmes, ustensiles de cuisine, laissant sans doute à leurs hôtes le soin de restituer ce qu'ils ne pourraient emporter.

A la fin, comme les tempéraments, même les plus robustes, cèdent à la fatigue et au sommeil, Bellême eut deux à trois heures de repos relatif, et dans les rues, on n'entendit plus que le pas alourdi des sentinelles prussiennes qui gardaient les fourgons, sur les places publiques, ou les maisons qu'habitaient les principaux chefs.

Vers minuit, lorsque, après une journée d'émotions et d'inquiétudes, chacun reposait chez M. Leveau, percepteur, — dont la maison était occupée par 50 Prussiens, — dans la matinée il avait donné asile à une centaine de mobiles ou de soldats d'infanterie demarine — on frappa à coups redoublés au portail et on agita la sonnette à plusieurs reprises. C'était un officier allemand, payeur du corps d'armée, — accompagné d'un élève d'école militaire, — qui venait demander M. Leveau, percepteur, et lui intimait l'ordre de livrer sa caisse et ses livres de comptabilité, tels que livre des comptes et récapitulatif (dénomination parfaitement exacte). M. Leveau. qui depuis plusieurs jours avait le triste pressentiment de ce qui arriverait, avait déposé ses archives à l'hôpital de Bellême et il portait sur lui le contenu de sa caisse. Néanmoins il conduisit ses visiteurs dans son bureau et leur déclara que sa caisse et ses livres avaient été expédiés par ordre supérieur à la trésorerie générale à Alençon. Ils parurent douter de la vérité de cette déclaration, car ils insistèrent longtemps et ne sortirent qu'en intimant l'ordre à M. Leveau de rétablir ces objets dans un bref délai. Cet ordre ne fut point exécuté, comme on le pense bien, et d'ailleurs ces visiteurs incommodes quittèrent la ville le jour suivant.

Le lendemain 23, M. Leveau ne fut point inquiété à raison de ses fonctions ; pourtant on brisa son portail qui offrait une certaine résistance, et sa maison fut de nouveau envahie par un grand nombre de Prussiens, qui s'occupèrent plutôt de son caveau que de sa caisse.

CHAPITRE V.

Mercredi, 23 novembre : — Le bris des fusils ; Suite des exactions des Prussiens. — Départ des premiers et arrivée des seconds Prussiens, leurs déprédations ; — Leurs infâmies et leurs vols ; — Les exigences prussiennes et les tribulations de l'autorité.

I.

Mercredi, 23 novembre. — Dès le matin, six heures, suivant l'ordre donné la veille par l'autorité prussienne, à son arrivée, les fusils de la garde nationale gisaient sur le parquet et sur les marches de la mairie. La détermination prise, tardivement, de ne pas défendre Bellême, n'avait pas permis de les faire conduire à Alençon.

Tout individu chez lequel seraient trouvées des armes quelconques était menacé d'être fusillé sur l'heure. C'est ce qui serait arrivé à un cafetier (1) bien connu, sans le secours fort opportun d'un chef d'ambulance (2), qui le sauva en faisant comprendre que les armes trouvées dans cette maison étaient des carabines, servant à un tir de café, et non des engins de guerre. Le fermier des Sablons (3), chez lequel fut trouvée la cible de la garde nationale, vit sa maison pillée par ces vandales du dix-neuvième siècle. Partout où ils trouvèrent un objet appartenant à un garde national ou à un mobile, ils redoublèrent leurs exactions et leurs déprédations.

Parfaitement renseignés sur les lieux et sur les personnes, ils sondèrent les murs, les caves, les cloisons, le bois, la paille, le foin, ouvrirent de force les placards et les armoires, et partout firent, sous prétexte de chercher des mobiles, une razzia complète d'objets précieux. Les Juifs, attachés à leur suite, ont emporté de Bellême et de St-Martin, un précieux butin. Et voilà comment les Prussiens respectent la propriété,

(1) M. Jules Debray, du café de Paris.
(2) M. Mathias, vétérinaire.
(3) Le sieur Deleuze.

en appliquant à leur profit ce mot de Proudhon : « La propriété, c'est le vol. »

II.

A huit heures, un grand mouvement s'opéra silencieusement — sans tambour ni trompette — dans nos rues et sur nos places. Les 19 à 20 mille hommes, arrivés la veille, s'ébranlèrent, et nous les vîmes, en longues files serrées, se diriger, partie sur Mamers, partie sur Bonnétable, partie sur la Ferté-Bernard, suivis de leurs nombreux fourgons et de leur puissante artillerie.

Quelques habitants payèrent cher alors un mouvement de curiosité. Emmenés par les Prussiens pour leur servir de guides, ils allèrent les uns jusqu'à Igé, d'autres jusqu'à Bonnétable, partageant les fatigues de la marche et la ration de route du soldat allemand.

Les derniers fourgons avaient à peine quitté Bellême qu'un nouveau corps d'armée de quinze à vingt mille hommes, venant directement de Nogent-le-Rotrou, par Berd'huis, envahit nos maisons. Les numéros inscrits la veille sur chacune guident leur marche, et, au bout d'une heure, avec le sans-façon des premiers, ils avaient pris possession de nos demeures.

Les premiers n'avaient pas laissé une bouchée de pain, pas un morceau de viande, pas la moindre tablette de chocolat. Je n'oublierai de ma vie le désappointement d'un officier, quand à sa demande je répondis :

— « Impossible, pour tout l'or du monde, de vous trouver une tablette de chocolat dans la ville, vos hommes d'hier ont tout pris. »

Un officier prussien vint de suite au bureau télégraphique, demanda brutalement qu'on lui montrât les dépêches envoyées la veille et qu'on lui livrât l'employé avec ses appareils : conformément aux instructions reçues, les dépêches avaient été brûlées pendant la nuit précédente et le poste démonté. Le gérant, qui n'était autre que le secrétaire de la mairie, fit preuve d'un grand sang-froid ; dès le lendemain, l'ennemi s'étant éloigné, on remonta les appareils et l'on put reprendre les communications avec Mortagne.

Quand les Prussiens se furent convaincus de visu qu'il n'y avait plus de pain chez les boulangers, ils s'emparèrent des boulangeries, et, sans souci des besoins des habitants, ils y installèrent des leurs qui, toute la journée, se mirent à cuire d'abord leur propre farine, puis celle qu'ils trouvèrent chez les boulangers, Les bouchers, de leur côté, furent obligés de céder à toutes leurs exigences. La ville fut menacée de mourir de faim, et l'on peut affirmer, sans être taxé d'exagération, que bien des gens furent heureux de manger le pain cuit dans les fermes voisines, quand ils purent s'en procurer, et que beaucoup se virent réduits aux pommes de terre, comme en temps de famine.

On a comparé bien des fois la conduite des deux corps prussiens qui ont envahi Bellême les 21 et 22 novembre : il faut avouer que les appréciations sont fort différentes à cet égard. Ce qui paraît hors de doute, c'est que les premiers, ayant pillé surtout les épiciers et les marchands de comestibles, les seconds ont dû laisser partout ailleurs des traces plus marquées de leur passage. Etaient-ils logés chez des ménages pauvres ou passant pour tels, — il est si difficile de discerner les vrais pauvres ! — ils se faisaient indiquer des personnes aisées ou riches, et ils ont trouvé, chose horrible à dire, mais trop vraie ! des gens sans pudeur pour les y conduire et leur révéler le secret des cachettes de ceux qui avaient été les bienfaiteurs des ouvriers et des pauvres eux-mêmes.

Il serait difficile de dire, non ce qu'ont pris les Prussiens, mais ce dont ils n'ont pas pris. Presque partout ils ont changé leurs chemises, leurs chaussettes, leurs caleçons pour du linge blanc, se faisant une garde-robe avec celle des hommes et des femmes, emportant sans doute pour leurs familles, châles, manchons, robes et manteaux de soie, etc., etc. On en a vu arrêter les passants dans la rue, leur ôter leurs souliers ou leurs bottes et les obliger à retourner ainsi nu-pieds chez eux. Si nous voulions citer des noms propres, nous n'aurions que l'embarras du choix. Interrogez nos cordonniers , ils vous diront que, durant vingt-quatre heures ils ont travaillé comme des forçats.... et pour le roi de Prusse, encore ! Montres, mouvements de pendules, bijoux, chez les horlogers ; lanternes, cuillers, fourchettes, filtres, moulins à café, couteaux chez les bimbelotiers et les ferblantiers ; tabac, pipes, porte-cigares, porte-monnaie, chez les marchands de tabac, rien n'a échappé à leur rapacité.

En relisant l'autre jour les naïves chroniques du bon Froissard, qui retracent si bien les mœurs du quatorzième siècle, j'y ai rencontré sur les nations germaniques une appréciation par laquelle je ne puis mieux faire que que de terminer ce récit :

« Allemands de nature sont rudes et de grossier entendement, si ce n'est à prendre leur profit, mais à ce sont-ils assez experts et habiles; item moult convoiteux, et, plus que nulles autres gens, oncques, ne tenant rien des choses qu'ils eussent promis : telles gens valent pis que Sarrasins ni payent.»

On voit qu'il y a quatre ou cinq cents ans, les Allemands offraient déjà des défauts qu'ils conservent encore.

Quant aux propriétaires et aux aubergistes qui n'avaient pas eu le temps d'éloigner leurs chevaux ou leurs voitures, ils se sont vu enlever l'un et l'autre. Ainsi, on peut dire, sans exagération, que Bellême a été traité comme une ville mise à sac : une seule chose a été respectée, la vie des habitants. Mais, si les officiers se sont généralement conduits en gens bien élevés, le respect pour leurs hôtes a été méconnu et foulé aux pieds par bon nombre de soldats, surtout si ceux-ci savaient les chefs éloignés de leur voisinage.

II.

Je vous ferais dresser les cheveux sur la tête si je vous racontais leurs actes de sauvagerie. On a vu, dans une maison riche de la rue d'Alençon, ces monstres de barbarie faire rougir des fourchettes, et menacer une femme du martyre de la graisse bouillante si elle refusait de condescendre à leurs infâmes désirs. Et cette femme était une mère qui, à force de courage et d'énergie, avait réussi à sauver son enfant et son mari que ces barbares voulaient tuer, l'un à peine âgé de quatorze ans comme prétendu mobile, l'autre comme devant être un franc-tireur !!!

Après le récit d'un pareil forfait, ma plume reste immobile dans mes doigts crispés et je ne puis que crier Vengeance ! Vengeance !

On ne m'accusera pas d'exagération quand je dirai, d'après des documents puisés à bonne source, qu'on estime le dommage matériel causé par nos envahisseurs à 300,000 francs, dans Bellême, et à 200,000 fr. dans les campagnes environnantes, ce qui fait bel et bien 500,000 fr. A ce chiffre ajoutez les réquisitions faites à la municipalité, savoir : 2,500 kilos de viande, 2,500 kilos de pain, 2,500 kilos de café, 1,000 lit. d'eau-de-vie, 5,000 kilos d'avoine et 40 mètres de drap.

J'allais oublier une réquisition de 700 paires de chaussures qui fut faite vers trois heures et demie. On ne saurait se faire une idée du ton arrogant de l'officier prussien qui, remettant au maire la réquisition, lui montre ses longues bottes comme spécimen des chaussures à fournir, regarde à sa montre et lui dit d'un ton menaçant, en mauvais français :

«— Falloir chaussures 700 paires, à cinq heures et demie, ou vous prisonnier. »

Inutile, sans doute, d'ajouter que la ville n'a pu fournir les 700 paires de chaussures ; mais on doit ajouter que l'officier se montra assez accommodant en demandant 2,800 fr. qui lui furent comptés par un conseiller municipal (1) et qui ne paraissent pas être entrés dans les caisses du roi de Prusse. C'est, du moins, une opinion que j'ai entendu exprimer et devant laquelle je m'incline.

IV.

Il est un événement de la jonrnée du mardi que n'oublieront jamais les rares personnes qui en ont été les témoins : je veux parler encore du bris des fusils par les Prussiens sur les trottoirs qui bordent l'Hôtel-de-Ville. Heureusement la perte matérielle n'est pas considérable, car ces armes, d'ailleurs en petit nombre, étaient de mauvais fusils à pierre ou à tabatière. Mais cet anéantissement du signe de la puissance militaire n'était-il pas un injurieux soufflet lancé à la face de notre ville ? Nous l'avons tous senti, et nos poitrines en ont frémi, et du fond de nos entrailles, nous crions encore : Vengeance ! Vengeance !

---

(1) M. Seguin, notaire et adjoint.

Une autre réquisition de MM. les Prussiens a été moins remarquée peut-être. Espérant trouver sur une même carte tous les départements qu'ils voulaient alors envahir, savoir : l'Orne, la Sarthe, le Loiret, le Loir-et-Cher, ils exigèrent le même jour, dans le délai de deux heures **six** cartes du département de l'Orne, sous peine de 6,000 fr. en espèces. On leur fournit facilement des cartes donnant les circonscriptions établies lors de la dernière législative ; mais nous pouvous affirmer qu'ils n'y trouvèrent pas, quant aux voies de communication, les renseignements qu'ils cherchaient.

Les tribulations de l'autorité municipale n'étaient pas terminées : il faut, dans ces jours néfastes, une vertu civique qu'on a justement comparée au courage du soldat sur le champ de bataille, pour renoncer à son repos et accepter le périlleux honneur d'administrer ses concitoyens. Quand vint le soir, le maire dut, à tout prix, procurer aux Prussiens des chevaux pour aller au-devant de leur courrier qu'ils attendaient impatiemment, et ce fut de leur part l'occasion de nouvelles menaces. Heureusement la nuit vint mettre une trève à leurs réquisitions, et la Providence, qui nous avait réservé de si terribles fléaux, trouva sans doute que nous avions été suffisamment éprouvés.

CHAPITRE VI.

Jeudi, 24 novembre : Départ des Prussiens — Les blessés de Senonches ; la jeune fille et le uhlan ; la panique dans la ville et la fuite dans la forêt — Le dévouemet filial. — Vendredi, 25 : le troupeau de moutons — Le 2 et le 3e bataillons pendant le combat de Bretoncelles — Le 2e corps de l'armée de la Loire.

I.

Il paraît que les nouvelles qui furent apportées au général Treskow, vers une heure du matin, n'étaient pas fort rassurantes, car les chefs semblèrent atterrés et donnèrent immédiatement des ordres qui changeaient les dispositions arrêtées pour le jeudi.

A sept heures et demie, leur armée qui devait se diriger, disait-on, sur Mamers et sur St-Cosme, dans quelques jours seulement, prit la route de la Ferté-Bernard, et, à dix heures, il ne restait plus à évacuer que leurs blessés, pour lesquels ils requirent dix-sept voitures attelées de chevaux en bon état et qu'il fallut trouver sur l'heure.

II.

Les Prussiens n'étaient encore qu'à quelques kilomètres de Bellême ; une vingtaine, restés à dessein, parcouraient seuls la ville et les campagnes voisines, lorsque nous vîmes arriver de Senonches (Eure-et-Loir), deux voitures de blessés qu'on amenait à l'hospice de Bellême. Comme l'ambulance prussienne avait évacué tous ses malades, n'en laissant aucun en arrière, on leur fit comprendre, à grand'peine,— car ils n'entendaient pas un mot de français,— que leurs frères étaient partis, et on leur indiqua la route qu'ils devaient prendre pour gagner l'hospice de Nogent.

Au moment où l'on rendait ce service aux blessés prussiens, — ne reconnaissez-vous pas là le caractère français, toujours noble, toujours généreux ? — l'instituteur communal passait dans la rue St-Pierre. Il entend des cris dans la maison d'un boucher, il entre : un triste spectacle s'offre à ses yeux, une jeune fille échevelée se débattait entre les bras d'un uhlan aviné. Il la prend, l'emmène chez lui et lui prodigue ses soins, tandis qu'un vétérinaire (1) voisin, accouru aux cris de la jeune fille, assène au séducteur un vigoureux coup de pied qui l'étend sur le pavé. Hélas ! cet acte odieux n'était que le premier acte d'une affreuse tragi-comédie que se préparaient à jouer ces fils de vandales !

Presque au même instant, des cavaliers qui avaient exploré les alentours de la ville et sondé dans tous les sens la forêt de Bellême, soit pour y chercher des mobiles et des francs-tireurs, soit pour réunir les traînards prussiens, se répandent dans toute la ville et surtout dans le quartier St-Sauveur.

A la vue de ces hommes qui, le pistolet au poing, l'œil menaçant, parcourent les rues au galop, on s'émeut, on s'agite, on répand le bruit que, mettant à exécution la menace faite au maire, les Prussiens recherchent les hommes de 21 à 40 ans, qu'ils vont les emmener et les faire marcher en avant : c'est un sauve-qui-peut général.

Chacun de fuir, de se sauver par toutes les issues et de chercher son salut dans des retrai-

---

(1) M. Mathias.

tes ignorées du vulgaire. La peur ne raisonne pas : les femmes se réunissent en petites troupes, chargent leurs faibles bras de provisions de voyage ; d'autres, plus énergiques, obligent leurs maris à fuir, avec leurs enfants, et, restant presque seules gardiennes des maisons, s'exposent ainsi, — sans le vouloir, hélas ! — aux brutalités d'une soldatesque effrénée.

III

Dans cette fuite échevelée, une jeune fille(1), apprend ou suppose que les uhlans sont à la poursuite de son père qui, une fois déjà n'a échappé que par miracle aux balles prussiennes. Au moment où son père s'enfuit, derrière l'église, par une ruelle étroite mais longue qui donne issue sur la campagne, elle s'arrête haletante et suppliante devant deux uhlans qui lui barrent le passage.

« — Ah ! pitié, pitié pour mon père ! » s'écrie-t-elle à genoux.

Surpris de tant de courage, ces hommes dé-

(1) Mlle Ballière.

tournent leurs armes menaçantes : la piété filiale a sauvé le père.

Dirai-je ici les inquiétudes des mères et des enfants pendant la nuit et une partie de la journée qui suivit cette panique ? Heureusement, le soir suivant, tous les fugitifs étaient de retour au logis, où ils retrouvèrent les joies du foyer et l'espoir d'être bientôt débarrassés de leurs farouches ennemis.

CHAPITRE VII.

Le 25 novembre à Bellême : Le troupeau de moutons ; la religieuse de la Providence. — Les ôtages. — Aventure pour rire. — Ce que devinrent nos mobiles du 22 au 26 novembre

---

I.

Le 25 novembre. — Si la nuit du 24 au 25 novembre fut bien employée, on le devine sans peine,

« Nous n'avions pas dormi, écrit un des témoins de l'invasion, ou nous avions reposé sur une chaise depuis lundi. Assaillis d'inquiétudes de toute nature, nous avions puisé dans notre position critique une force factice qui nous avait soutenus ; mais chacun éprouvait, après le premier danger passé, une espèce de prostration morale qu'augmentait encore l'affaiblissement de nos forces physiques. »

Bellême était à peine réveillé lorsque vint à passer un troupeau de 3,000 moutons, conduit par dix-huit bergers et quinze uhlans. Ce troupeau était dirigé sur Mamers ; mais arrivé à l'embranchement des routes de Mortagne et de Mamers, les conducteurs, qui paraissaient aussi ennuyés et fatigués que leurs moutons, se ravisèrent soudainement, revinrent sur leurs pas et prirent la route de Mans.

Là-dessus, grande rumeur dans la ville. Quelques-uns veulent arrêter le troupeau et les uhlans — avec quoi? — Avec des manches à balai peut-être ? Les autres, — et c'est l'immense majorité, — sont d'avis de les laisser passer, mais de faire télégraphier immédiatement à Mortagne, à Alençon ou au Mans (1) afin que

(1) L'employé du télégraphe rétablit aussitôt après le départ des Prussiens, les communications avec Mortagne, Alençon, le Mans.

Le maire, pour prévenir les attroupements et les accidents au-dehors de la ville, fit alors avertir les habitants de ne pas sortir de la ville sans un laisser-passer de l'autorité municipale ; ce qui, mal interprété, occasionna dans Bellême bien des rumeurs.

La suppression définitive du bureau télégraphique n'eut lieu que vers le 8 janvier 1871, alors que la contrée était envahie et que l'armée du prince Charles s'acheminait de Blois vers le Mans.

l'autorité militaire prenne sur l'heure les mesures nécessaires pour les arrêter hors du territoire de la commune de Bellême. Ce dernier parti offrait l'avantage, dans le cas où les Prussiens reviendraient occuper Bellême— ce qu'ils avaient, du reste, annoncé à leur départ — de dégager la responsabilité des habitants. Le maire fit alors, en l'absence de toute dépêche répondant à la sienne, ce qui pouvait rassurer les habitants et prévenir, dans notre ville, déjà si éprouvée, l'incendie et la désolation.

Tel fut le dernier acte de l'occupation prussienne, et Dieu sait si l'on a cherché à jeter le blâme sur la conduite du maire. Mais les gens sensés ont pensé que la vie d'une population de 3,000 âmes valait bien 3.000 moutons. Ils ont continué d'honorer de leur confiance et de leur estime l'homme bienveillant qui, de concert avec son conseil municipal, a fait, dans ces jours difficiles, au risque de sa vie, ce qu'il pouvait faire pour sauvegarder la ville et ses habitants.

Nous ne serons que justes ici en rendant de publiques actions de grâces à une religieuse de la Providence d'Alençon, allemande de naissance. Autorisée par M. le Préfet de l'Orne, à rester en France, à cause du fâcheux état de santé, elle a voulu payer sa dette de reconnaissance à l'Administration qui lui avait témoigné de la bienveillance. On peut dire, avec l'assentiment unanime de la population, que, dans ces jours de désastreuse mémoire, elle a rendu, avec une grâce parfaite, aux petits et aux grands, des services signalés comme interprète, et qu'elle a été véritablement la providence des habitants de Bellême.

II.

Notre ville resta longtemps sous la terrible impression produite par la première invasion des Prussiens. Il était difficile d'apprécier dans toute leur étendue l'énormité des pertes qui en étaient la conséquence ; beaucoup de magasins avaient été dévalisés et nombre de maisons mises à sec. Les personnes avaient également eu à souffrir de la brutalité des soldats, surtout celles qui n'avaient pas trouvé en elles-mêmes la force de résister à leurs prétentions. Huit habitants de 20 à 60 ans avaient été emmenés en ôtage à Chartres, sans qu'on eût d'eux la moindre nouvelle, malgré les démarches faites par leurs familles auprès des autorités prussiennes ; les réclamants étaient envoyés purement et simplement au roi de Prusse. Une partie des chariots qui avaient servi au transport étaient seuls revenus; les conducteurs n'avaient aucun renseignement à donner sur les personnes.

Il était donc impossible, à Bellême, comme partout, de faire la guerre en violant d'une façon plus odieuse les conventions qui la régissent. Ces huit habitants ne s'étaient rendus coupables d'aucun acte d'hostilité et néanmoins, sans aucun motif connu, ils ont été enlevés comme des malfaiteurs. De pareils procédés ne crient-ils pas vengeance? L'histoire aura peine à faire connaître toutes ces cruautés accomplies froidement, ces menaces à des femmes qui font dresser les cheveux sur la tête, l'outrecuidance de ces officiers s'installant dans une maison, y commandant en maîtres et demandant au propriétaire l'heure de son dîner, pour prendre place à côté de lui au foyer conjugal.

III.

Terminons par un récit qui paraîtra plaisant après celui de tant d'horreurs qui soulèvent le cœur contre leurs auteurs et contre ceux qui ont conseillé ou décidé cette guerre fatale :

Comme ils faisaient déchausser ceux qui leur

semblaient avoir des chaussures à leur convenance, les Prussiens ne se faisaient pas faute d'emmener avec eux, pour leur servir de guides, les jeunes hommes qu'ils rencontraient dans les rues ou sur les places publiques. C'est ainsi qu'ils emmenèrent jusqu'à Igé un jeune coiffeur, à l'air intelligent, qu'ils trouvèrent flânant dans la rue du Mans. Arrivés à Igé sans encombre, ils le remirent en liberté, non sans lui avoir offert de se désaltérer à leur gourde.

Notre prisonnier cheminait en liberté vers Bellême lorsqu'il est rencontré, aux portes de Bellême par un poste de Prussiens qui l'empoignent et l'obligent à emboîter le pas avec eux. Ce n'était pas son affaire ; il était absent depuis trois heures et une si longue absence ne pouvait manquer d'inquiéter sa famille. Les coiffeurs sont hommes de tête ; notre homme ne fait aucune résistance et fait volte-face du côté d'Igé ; mais, tout en cheminant, il fait comprendre aux Prussiens qu'il vient d'accompagner leurs frères jusqu'à Igé et que ce serait une vraie fatigue pour lui que de recommencer ce voyage. Il parlait si éloquemment, son langage avait un tel accent de vérité, qu'on ajoute foi à ses paroles et on le laisse entrer dans la ville, à dix heures du soir, sans nouvelle aventure.

Notre homme avait traversé les rues du Mans, St-Pierre, les Promenades, et déjà il heurtait sa porte lorsqu'il voit, dans l'ombre, par la fenêtre entr'ouverte, arriver jusqu'à lui, en se cramponnant à deux draps noués ensemble, sa femme et celle de son voisin qu'il dépose doucement à terre. Ces pauvres femmes, seules dans la maison, dont le rez-de-chaussée était bondé de Prussiens, cherchaient à fuir, dans la crainte que ces vandales, qui s'étaient, du reste, enfermés dans la boutique, n'eussent la velléité d'aller leur rendre une visite nocturne. Après avoir été libéré par les Prussiens, le mari arrivait à point pour être le libérateur de sa femme. Mais il eut beau frapper à coups redoublés à sa porte, messieurs les Prussiens firent la sourde oreille et il fut heureux de trouver un refuge chez une dame du voisinage qui leur donna l'hospitalité pour la nuit.

IV.

Pendant le combat de Bretoncelles, le 2e et le 3e bataillon étaient à Authon : la nouvelle de la retraite précipitée du colonel Rousseau ne parvint qu'à 9 heures et demie du soir au lieutenant-colonel Des Moutis : il fallait se replier d'urgence sur Nogent-le-Rotrou, 22 kilom. et la chance d'être enlevé. Le 2e et le 3e bataillon de l'Orne furent mis à l'arrière-garde: on comptait sur leur solidité. Partis à 11 heures du soir, ils arrivèrent sans encombre à Nogent le 22, à 5 heures et demie du matin, et, de là se rendirent sur-le-champ à Bellême, 24 kilom., où ils arrivèrent exténués à une heure de relevée.

Dans la nuit précédente et le jour même étaient arrivés les francs-tireurs de Lipowski et ceux du colonel Cathelineau dont nous avons déjà parlé.

Il pleuvait à torrents. A 5 heures du soir, la trompette sonne la retraite et les malheureux mobiles se replient en toute hâte sur Mamers, par les routes de Bellême, Bellavilliers, la Gravelle, La Perrière.

Arrivés à Mamers à 2 heures du matin, ils sont réveillés à 3 heures avec tous les autres corps et reçoivent l'ordre de se diriger sur la Hutte — 30 kilom.

Quelques-uns prirent le chemin de fer, d'autres continuèrent la route à pied jusqu'au Mans; la plupart n'avaient rien mangé depuis trois jours ; ils tombaient d'inanition et de sommeil. Ils avaient fait 160 kilomètres en 80 heures.

V.

Le 26 novembre, à peine réunis au Mans et tout haletants encore des fatigues inouïes dont on vient de lire le récit, les quatre bataillons des mobiles de l'Orne furent enrégimentés et formèrent le 49e sous le commandement du lieutenant-colonel des Moutis, que remplaça comme colonel le commandant de la Ferronnays.

Le capitaine Guiot (du 26e de ligne), fut nommé chef du 3e bataillon, à la place du commandant Boudonnet, malade.

Le 27 novembre, ordre de partir et d'aller, à marches forcées, rejoindre l'armée de la Loire dont le 21e corps allait occuper les défilés de la forêt de Marchenoir (1).

Les pauvres mobiles du 49e, après onze journées de marche consécutive, arrivèrent, le 5 décembre, à St-Laurent-des-Bois, « morts de fatigue et de misère. »

---

(1) Chanzy (p. 95).

Un ordre du jour du général, daté du 6, porte :

« La division Collin, quittant St-Laurent-des-Bois, devra occuper, avant le jour, Poisly et Lorges, ayant, sur chacun de ces points, une brigade. »

Le 7, au matin, la 2e brigade était devant Lorges, gardant la route de Poisly à Josnes. Elle ne fut pas attaquée ce jour-là.

CHAPITRE VIII.

Les Prussiens chez nos voisins : A la Ferté-Bernard. — A Nogent-le-Rotrou. — A Mamers. — A Saint-Cosme. — Le résultat de la première occupation prussienne à Bellême : rapport de M. Petibon.

I.

Les Prussiens à la Ferté-Bernard. — C'est le mardi 22 novembre, à huit heures du soir, que les Prussiens firent leur entrée à la Ferté-Bernard en colonne épaisse et nombreuse, bientôt suivie d'une armée tout entière.

Avertis, par la retraite des mobiles, de l'occupation de Nogent-le-Rotrou et du danger que courait le pays, les gardes nationaux, les pompiers et quelques francs-tireurs se portaient, vers quatre heures du soir, du côté où l'on signalait l'approche de l'ennemi. Cette reconnaissance ne fut signalée par aucun fait important.

Seulement, un garde national ayant, par accident, laissé tomber son fusil qui, dans sa chute, éclata et blessa un individu, nommé Souchay, le bruit de la détonation attira sur la troupe une vive fusillade. On crut d'abord que ce feu était dirigé par des francs-tireurs qui se trompaient, mais on sut plus tard qu'on avait eu affaire à des éclaireurs ennemis.

La garde nationale était rentrée depuis une heure à peu près, lorsque des coups de feu successifs éclataient de toutes parts, dans les rues, dans les faubourgs. C'etaient les Prussiens qui, venant de Nogent et de Bellême et pénétrant, par divers côtés, dans la ville, répondaient à l'accueil un peu chaud que leur faisaient quelques gardes nationaux et francs-tireurs du pays.

Furieuses de cette résistance qui leur avait coûté plusieurs hommes, les autorités prussiennes eurent un moment l'idée de renouveler à la Ferté l'incendie de Châteaudun. A cet effet, un conseil de guerre se tint à l'Hôtel-de-

Ville, et le bombardement n'y fut rejeté qu'à la majorité d'une voix.

Cependant le bruit de la fusillade s'éteignit peu à peu ; les Prussiens étaient maîtres de la ville. Bientôt ils se répandirent partout et commencèrent le meurtre à domicile : le pillage dura toute la nuit, une nuit affreuse, une nuit de novembre où le ciel noir, la pluie qui tombait, le vent qui faisait entendre de plaintifs gémissements, formaient comme un lugubre tableau au-dessus du drame sanglant qui s'accomplissait dans l'ombre.

On ne put se rendre compte que le lendemain de ce qui s'était passé. Les magasins avaient été pillés : chaque maison, celle du pauvre comme celle du riche, avait été saccagée. Quelques habitants furent dépouillés de leurs chaussures et de leurs habits. Plusieurs cadavres gisaient dans la boue, sans qu'il fût permis à leurs familles de les recueillir. La presse enregistre les noms des braves glorieusement tombés sur le champ de bataille; elle doit le même honneur à ces martyrs de la grande cause nationale, égorgés sur le pavé des rues par la sauvagerie insolente de nos ennemis.

Nous avons recueilli leurs noms avec respect, et nous les présentons à la reconnaissance de tous ceux qui honorent les obscurs sacrifices : *Didier*, tisserand, tué sur le seuil de sa maison ; *Hubert*, ferblantier, frappé d'un coup de feu à l'entrée de la ville où il montait la garde ; *Geffray*, ouvrier tisserand, traîné sur la place de Mail et assommé à coups de crosse de fusil ; *Ménager*, jeune homme de vingt ans, qui a eu la gorge traversée par une balle, laquelle, en ricochant, a tué le nommé *Cohin*, tailleur ; *Leprince*, marchand de vin, frappé de plusieurs coups et laissé sur le trottoir ; *Guibert*, ouvrier tisserand, tué dans la rue ; *Barbé*, marchand de nouveautés, fusillé auprès de l'église St-Antoine ; *Hervé*, charron, mort à la suite de graves blessures ; *Garreau*, maréchal, assommé, traîné de son domicile, à Cherré, dans une chambre de la maison d'école, où ses bourreaux le jetèrent presque mourant.

Vers minuit, croyant tromper leur surveillance, Garreau attacha une corde à la fenêtre de l'appartement où ils le tenaient renfermé et tenta de leur échapper ; mais, le bruit de sa chute ayant éveillé leur attention, ils s'emparèrent de nouveau de sa personne et le précipitèrent dans un puits où l'on retrouva son cacadavre quinze jours après. Comme s'il eût prévu le sort qui l'attendait, ce malheureux, avant de suivre ses bourreaux, avait embrassé sa femme en lui disant adieu, et ses lèvres avaient pressé l'image du vieux crucifix, pieux héritage de sa famille.

Il faut ajouter à ces victimes une femme de 75 ans, que sa misère et son âge n'ont pas mis à l'abri des coups de ces assassins. On put croire un moment que là ne s'arrêterait pas la fureur des Prussiens, car ils retinrent prisonniers pendant deux jours près de 150 habitants, qui ne durent leur mise en liberté qu'aux démarches empressées de M. Tessier, maire et de M. le curé de la Ferté-Bernard, dont on ne saurait trop louer le courage et le dévouement en cette circonstance.

Il va sans dire que le pays a été fortement réquisitionné en troupeaux, en chevaux, en avoines, en fourrages, et qu'il a dû supporter les frais de passage d'une armée tout entière, composée des corps de Thann, du prince Albert et du duc de Mecklembourg.

II.

Les Prussiens à Nogent-le-Rotrou, (23 novembre 1870).— Après les combats qui avaient eu lieu le même jour à la Fourche et à Bretoncelles, les Prussiens se dirigèrent en fortes colonnes sur Bellême et Nogent-le-Rotrou. Leur marche ne fut plus inquiétée; les mobiles, sans direction, par suite de l'inexpérience de leurs chefs autant que par manque de discipline, s'éparpillèrent sur des routes diverses.

Les Prussiens campèrent à une lieue de Nogent et n'y entrèrent qu'à huit heures du matin. Aussitôt après leur arrivée, ils demandèrent la livraison immédiate de 1,500 paires de chaussures. En fouillant tous les magasins, on en trouva 340 : ils exigèrent alors qu'on leur remît la différence en argent. La somme fixée s'élevait à vingt mille francs, aussi difficile à réaliser que la réquisition des paires de chaussures.

La mairie répondit que ses caisses étaient vides et qu'il lui serait impossible de trouver cette somme; mais les Prussiens revinrent à la charge et ils indiquèrent une maison de banque qui devait fournir les fonds. On alla donc chez M. Dugué, banquier, qui dut ouvrir sa caisse. Elle contenait à peine deux mille francs. Ils comprirent sans peine qu'au moindre signal de leur arrivée l'argent se repliait avec autant de promptitude qu'une troupe menacée par leur approche. Ils cessèrent d'insister et se contentèrent des 340 paires de chaussures.

Ce point réglé, ils demandèrent 1,500 livres de café en grain, sans exiger toutefois qu'il fût grillé. Il était tout aussi impossible de se procurer à Nogent cette quantité de café, qu'il l'avait été de trouver les chaussures. Tout ce que les épiciers purent fournir, ce fut de trois à quatre cents livres, dont les Prussiens se contentèrent sans trop de mauvaise humeur.

Ils demandèrent ensuite du pain. Comme ils n'en trouvèrent pas ce qu'ils jugeaient nécessaire à leurs besoins, ils s'installèrent chez les boulangers et se mirent à cuire, mais pour eux seuls, la farine qui les suivait dans les voitures de l'administration française, prises à Sedan et à Metz. Ils savaient les habitants sans pain, ils ne leur en donnèrent pas et les laissèrent, pendant plus de deux jours, vivre de ce qu'ils pourraient ramasser, en grand danger de mourir de faim.

Dans les faubourgs, les maisons furent mises à sac avec une odieuse brutalité, les portes enfoncées, les meubles mis en pièces, dans l'espoir d'y trouver du linge et surtout de l'argent; dans une fabrique de chapellerie, les chapeaux qui se trouvaient dans les magasins furent dispersés, foulés aux pieds, mis au pillage. Mais, dans les maisons riches, occupées généralement par des officiers, on n'a pas eu à déplorer ces scènes de violences.

Récit d'un Nogentais. — « Je déjeûnais, nous a raconté un habitant de Nogent-le-Rotrou, lorsqu'on vint m'annoncer qu'un prussien était là et demandait à manger ; je lui fis donner du pain et de la viande, ce dont il parut étonné et fort satisfait. Je m'estimais déjà heureux d'en être quitte ainsi, lorsque, sur les deux heures, ma maison fut tout à coup inondée de soldats ; une centaine de chevaux étaient à la porte de ma remise dont on enfonçait la porte. Mon écurie, déjà petite pour mes deux chevaux, ne leur convint pas non plus ; ils se contentèrent d'installer quatre de leurs bêtes dans mon bûcher.

Ils étaient installés, déshabillés, et l'un d'eux prenait même un bain de pied qu'il avait réclamé à ma cuisinière, lorsque un monsieur en bourgeois vint m'apporter, à quatre heures, un billet de logement délivré par la mairie. Je lui expliquai alors que la seule chambre que j'eusse de disponible avait été prise d'assaut par deux de ses compatriotes, venus chez moi sans billet de logement et de par leur choix ; comme je ne tenais nullement à les garder, je l'engageai à les déloger et à se mettre à leur place, s'il en avait le pouvoir. Ce ne fut pas long. Les deux officiers se vêtirent à la hâte et se sauvèrent plus vite que je ne pourrais vous le dire !

Mon nouvel hôte me fit demander à quelle heure je dînais, afin de ne pas me faire attendre, disait-il !..... Il s'invitait donc !... mais la forme était polie, et comment refuser !....

C'était, du reste, un homme bien élevé et du meilleur monde, attaché diplomatique au cabinet du roi de Prusse, connaissant la France où il était venu souvent.

Après dîner, il me demanda de la craie pour écrire son nom et son titre sur la porte de sa chambre. Le lendemain, il partit, me remerciant de mon hospitalité un peu forcée et me disant « au revoir, monsieur, » soit avant, soit après la paix.

Les Saxons vinrent ensuite, mais la pancarte du premier occupant me préserva des premiers qui se présentèrent et qui, sans doute, le croyaient encore là. Cependant un major, qui, sans doute, savait à quoi s'en tenir, s'installa chez moi avec ses deux ordonnances, en me faisant dire qu'ils ne coucheraient qu'une nuit.

On vint me demander du pain, du vin, de la viande, du fromage. A chaque demande je fis répondre que je n'avais plus rien et que les Prussiens avaient tout pris. Comme cela leur parut, sans doute, vraisemblable, ils se contentèrent de six bouteilles de cidre que je leur fis offrir ; mais le lendemain, leur départ fut si précipité, qu'ils me laissèrent un gigot cru et une vingtaine de livres de riz dont je fis mon profit.

Bientôt nous vîmes les troupes qui s'étaient dirigées sur Orléans repasser en toute hâte dans des voitures de réquisition. On disait en ville que Paris était débloqué et que les Allemands étaient rappelés vers Paris pour renforcer leurs armées écrasées. Hélas ! dans tous ces bruits, il n'y avait rien de vrai !

Deux fois on a pris mes chevaux pour aller à Bretoncelles chercher les blessés prussiens et français.

Le 2 décembre, les Allemands ont requis une voiture pour aller à Courville chercher leur poste ; je l'ai fait conduire à la mairie, ordonnant à mon domestique de ne la quitter sous aucun prétexte. On a voulu le faire descendre; il a résisté comme un diable, assurant qu'il pouvait seul conduire mon cheval. Grand mécontentement des Prussiens ; mais, après bien des pourparlers et l'intervention des autorités, on a renvoyé chez moi, voiture, bête et gens, à ma grande satisfaction.

En temps d'invasion, il ne faut rien abandonner. Ici, l'on n'a pillé que les maisons dont les propriétaires étaient partis, et l'on n'a pris que ce que les propriétaires ont eu la faiblesse de ne pas défendre. Mes voisins et moi, nous n'avons rien perdu : ceux qui ont eu assez de fermeté pour résister aux exigences des Prussiens, ont pu même sauvegarder de leur gloutonnerie leur basse-cour et leur garde-manger. »

Les Razzias des Prussiens. — Sur leur passage, les Prussiens ont fait des razzias de moutons ; près de 7,000 sont sortis de Nogent, dirigés les uns sur Chartres, les autres sur le Theil, et escortés par des uhlans en petit nombre. Pour paralyser la défense des paysans dont ils enlevaient les troupeaux, ils avaient partout fait répandre le bruit qu'ils employaient les hommes valides à des travaux de tranchées ou de retranchements. Les paysans, les croyant plus que parole d'évangile, se sauvaient dans les bois, laissant sans défense leurs maisons et abandonnant leurs troupeaux à nos rusés ennemis. Ainsi on a vu, à plusieurs reprises, deux ou trois uhlans pénétrer dans les herbages, aux environs du Theil, réunir en un troupeau les bestiaux qui s'y trouvaient et les emmener sans être le moins du monde inquiétés. Partout la peur semblait avoir glacé tous les courages, et les ordres donnés par la Défense nationale pour évacuer le bétail et le sauver d'un enlèvement certain, étaient regardés comme lettre morte. Chacun ne songeait qu'à échapper à l'ennemi par un sacrifice volontaire, reniant ainsi tout un passé glorieux et manquant de l'énergie nécessaire pour chasser l'ennemi du sol de la patrie. Cependant il se rencontra, dans ces jours de désastreuse mémoire, quelques hommes de cœur, et l'histoire doit les signaler.

Après la malheureuse journée de la Fourche et de Bretoncelles, un peloton de soldats se réunit dans les environs du Theil, engagea la fusillade avec une avant-garde prussienne et lui tua quelques hommes ; il ne pouvait l'arrêter, mais il avait vengé quelques-uns de ceux qui la veille avaient succombé. Irrité de cette attaque, le grand duc de Mecklémbourg, en personne, dit au maire du Theil que, si à ce moment il s'était trouvé sur les lieux, il eût fait bombarder et brûler le bourg. Menace terrible qui dépeint le caractère de la guerre que nous faisait alors l'Allemagne, ne montrant aucun respect pour les conventions admises par les nations civilisées!

Dans le mois de décembre (21), quelques mobilisés de l'Orne et des éclaireurs de la Sarthe surprirent à St-Germain-de-la-Coudre (Orne) un fort groupe de cavaliers prussiens, qui éclairaient le pays. Attaqués vigoureusement, les cavaliers prussiens tournèrent bride, sans essayer de riposter à la fusillade ; cinq ou six furent tués et plusieurs, blessés.

Le 22, cinquante-quatre cavaliers prussiens, que l'on suppose de ceux qui avaient paru à

St-Germain-de-la-Coudre, entrèrent à Bellême, vers midi, et firent des réquisitions pour 1,800 cavaliers dont ils annonçaient l'arrivée le soir même; mais les 54 cavaliers se retirèrent sans qu'il en parût d'autres.

III.

Passage des Prussiens à Mamers. — Le 23 et le 24 novembre seront pour Mamers des jours néfastes dont le souvenir ne s'effacera pas de longtemps :

Vers trois heures du matin, quelques habitants furent réveillés par les francs-tireurs de l'Hérault qui, précédant la retraite d'une quinzaine d'heures, réclamaient le coucher en annonçant la défaite de l'armée sur les limites des départements d'Eure-et-Loir, de l'Orne et de la Sarthe.

Cette malheureuse nouvelle fut confirmée le matin par une dépêche ordonnant de préparer les logements et les vivres pour 6,000 hommes en retraite de Nogent-le-Rotrou.

A sept heures du soir, cinq ou six cents mobiles de la Corrèze, harassés de fatigue, mouillés jusqu'aux os et couverts de boue, arrivaient en assez bon ordre sur la place ; ils furent vite distribués dans les maisons, où l'on s'empressa de leur donner tout ce dont ils avaient besoin. Mais ce n'était là, pour ainsi dire, que l'avant-garde.

A dix heures, une longue file de mobiles, anéantis, pouvant à peine se traîner, se succédèrent sans interruption jusqu'à l'aube. Nous avons vu des malheureux en emmener par demi-douzaine et leur donner leurs lits, avec ce qu'ils possédaient en nourriture. Les maisons ne suffisaient plus, il fallut étendre de la paille sous les halles et dans les églises pour procurer un peu de repos à ces jeunes gens épuisés.

Cette retraite précipitée était protégée par une arrière-garde, composée d'infanterie de marine et de zouaves pontificaux.

Il était à peine cinq heures, le matin du 23, que le rappel battait dans la rue pour la réunion de ce corps disloqué, dont une partie avait passé la nuit le long de la route de Bellême, qui sur les bernes, qui dans les fossés, incapables de faire un pas de plus. Cependant presque tous répondirent à l'appel, et il n'était pas neuf heures lorsque l'arrière-garde, restée campée à l'entrée de la ville, passa au milieu de la population pleine de sympathie, pour rejoindre le gros de la troupe.

On put se procurer des voitures pour les plus fatigués ; quelques autres, trop malades, furent recueillis dans plusieurs maisons.

Ce n'était là qu'une partie des émotions douloureuses qui devaient affliger notre contrée. Les Prussiens furent signalés à deux heures de l'après-midi. A trois heures, 15 pièces de canon, chargées et mèchesallumées, étaient braquées sur les hauteurs de Poudreuse, dominant toute la ville.

Un détachement de uhlans partit alors au galop de ce point, et, en se divisant, se dirigea vers les diverses issues, éclairant à fonds de train les différents pièges qui auraient pu être tendus. Une douzaine s'arrêtèrent sur la place des Halles, puis un officier, escorté de deux cavaliers, se dirigea vers la Mairie, où le conseil municipal était réuni.

« 3,600 officiers et soldats arrivent, dit-il, et la ville doit se préparer à les loger et à les nourrir ; aucune résistance n'ayant été faite, je réponds de l'ordre et de la bonne conduite de mes hommes. » Il demanda ensuite comme réquisition de guerre :

Un dîner de 80 couvers pour les officiers supérieurs ; 3,000 kilos d'avoine ; 600 bottes de foin ; 1,200 bottes de paille, 3,000 kilog. de paille, 1,500 litres de vin et 8 vaches.

Il ordonna ensuite que les tranchées faites sur la route de Bellême fussent remplies avant la nuit, sous peine de mille francs d'amende par chaque tranchée non comblée.

A quatre heures, la musique prussienne annonçait que la ville était envahie. Les places et les rues étaient encombrées de soldats et de chariots regorgeant de provisions de toutes sortes. Des sous-officiers inscrivaient sur chaque maison le nombre d'hommes à loger et à nourrir.

La population de la ville s'est conduite dignement; point de curiosité, mais aussi point de faiblesse. Les magasins sont restés ouverts. Chacun, chez soi, s'apprêtait à faire l'indispensable, et rien que l'indispensable.

Les forces de l'ennemi n'étaient pas seulement concentrées à Mamers : un millier d'hommes, cavaliers et fantassins, occupaient la campagne au nord de la ville ; les communes de Marolette et St-Longis ont été rançonnées déplorablement.

Deux mille hommes et 25 pièces d'artillerie occupaient St-Remy-des-Monts. D'autres forces très importantes et estimées à plus de dix mille hommes étaient réparties dans les communes de St-Pierre-des-Ormes, St-Fulgent, Contres-en-Verrais et St-Côme. Partout, dans ces contrées, on s'est plaint des réquisitions ruineuses et du pillage des récoltes.

A Mamers, les Prussiens se sont conduits à peu près bien ; on cite quelques rapines, mais aucun fait grave ne nous a été signalé : l'engagement pris par l'officier de maintenir l'ordre a donc été exécuté.

Une dépêche, arrivée dans la nuit, a heureusement hâté le départ. Deux pièces de vin réquisitionnées et la plus grande partie de la paille ont été abandonnées. Le 24, à huit heures du matin, il ne restait plus un Prussien apparent à Mamers. Une partie s'était dirigée sur la Ferté-Bernard, l'autre sur Nogent-le-Rotrou.

IV.

Les Prussiens à St-Cosme. — « Je vous adresse, dit un enfant de St-Cosme, le résumé des principaux incidents d'une occupation prussienne de 48 heures dans l'une de nos plus riches communes du département.

« Le 23 novembre, au matin, quelques citoyens d'Igé vinrent à St-Cosme prévenir les habitants de la prochaine arrivée des Prussiens, signalés dès la veille à Bellesme.

« Impossible de vous décrire l'émoi et la consternation causés dans notre population, ordinairement si tranquille, par l'annonce de cette mauvaise nouvelle.

« Vers une heure de l'après-midi, quelques uhlans firent irruption dans le bourg, le pistolet au poing. Arrivés sur la place, ils firent demander le maire, M. Labelle, qui reçut d'eux l'ordre de se rendre, accompagné de M. Brière, adjoint, auprès du général Schimmelmann, commandant la colonne qui nous envahissait, campée sur la route de Bellesme, à un demi-kilomètre du bourg.

« Ce général reçut en vainqueur les deux représentants de la commune ; il exigea de suite 3,200 billets de logement, seulement pour la forme, car ces billets ne devaient pas servir; 150 kilog. de farine, 750 kilog. d'avoine, de la paille, du foin, etc., puis l'assurance que la commune ne possédait pas d'armes ni de moyens de défense; ce qui, hélas ! n'était malheureusement que trop vrai. Il les prévint que, si un seul de ses Prussiens avait à souffrir de la part de la population, il les ferait, eux, représentants de la commune, immédiatement fusiller.

« Le défilé des troupes commença, l'autorité militaire prussienne procéda elle-même à la désignation des logements par des indications écrites à la craie sur la porte de chaque habitation.

« Il fallut que, dans chaque ménage, on improvisât, à 8 heures du soir, un souper pour 4, 6, 10, 15 hommes et même davantage. — Ces véritables gloutons ne tardèrent pas à s'installer tout à leur aise, mangeant, buvant et gaspillant tout ce qui leur tombait sous les mains.

« Le lendemain matin, une autre colonne, forte de 5 à 6 mille hommes, arrivait de Mamers et prenait aussi possession de notre commune et de celles qui l'environnaient.

« Dans cette journée du 23, dont on gardera longtemps le souvenir à St-Cosme, les habitations furent littéralement livrées au pillage et au gaspillage; officiers, sous-officiers et soldats, sauf quelques rares exceptions, firent main basse sur tout ce qui frappait leur vue défonçant les portes, crochetant les serrures des meubles, emportant bijoux, armes, vêtements, linge, literie, provisions, bref, tout ce qui avait un peu de valeur, menaçant de la voix et du geste, le sabre à la main, ceux qui faisaient mine de vouloir défendre leur bien.

« A part quelques maisons qui ont été épargnées, grâce au hasard, tout le monde a souffert.

« Dans la nuit du jeudi, ordre de se tenir prêts pour partir fut communiqué aux soldats, de maison en maison. Bientôt les habitants avaient l'inexprimable plaisir de les voir quitter le pays, en se dirigeant sur la Ferté-Bernard.

« Le défilé du départ dura longtemps. On estime qu'il est passé à St-Cosme une quinzaine de mille hommes (cavalerie, infanterie, artillerie), munis d'au moins 40 pièces de canon, voitures d'ambulances, voitures réquisitionnées dans le pays pour emmener le produit de leur pillage, chariots des juifs qui suivent l'armée à l'arrière.

« Toute cette horde de Vandales occupait une longueur de près de trois lieues.

Les pertes subies par la commune peuvent être évaluées sans exagération à 40,000 fr.

« Je dois encore signaler l'enlèvement des deux drapeaux de Saint-Cosme, oubliés à la mairie. Ces deux pauvres trophées, témoins depuis 50 ans de nos fêtes publiques, iront attester à l'étranger la spoliation dont nous avons été victimes de la part des soldats du roi Guillaume. »

V.

Le 25 novembre, l'autorité municipale qui,

pendant ces journées de triste mémoire, était restée en permanence à la mairie, ne voulut pas se séparer sans nommer une commission chargée de dresser un état des réquisitions faites par l'armée allemande, lors de son passage à Bellême les 22, 23 et 24 du courant.

Elle désigna pour en faire partie MM. Seguin, Poulet, Laurent et Petibon, sous la présidence de M. Brière, maire.

La commission nomma rapporteur M. Petibon qui, après avoir longtemps administré la ville, avait voulu partager avec ses collègues les périls de l'occupation.

C'est donc lui rendre un hommage posthume que de citer ici son rapport à la commission :

Messieurs,

« L'ennemi ayant évacué la ville de Bellême, non sans y laisser des traces de son passage, un grand devoir restait à ses représentants, celui de s'occuper des dégâts qui avaient été commis, d'en apprécier l'importance et de les classer, afin de créer les ressources qui permissent de satisfaire à celles des demandes formulées dont la légitimité aurait été reconnue.

« Le conseil municipal, réuni pour cet objet

le 25 novembre dernier, a nommé une commission de quatre membres ayant pour président de droit M. le maire, et lui a donné le mandat de dresser l'état des réquisitions faites régulièrement par l'ennemi de son fait, de l'enlèvement des objets assimilables à ceux réquisitionnés, d'apprécier la nature, la légitimité et la valeur des choses fournies, d'admettre ou de rejeter les réclamations qui lui seraient soumises.

« Cette commission, composée de MM. Brière, maire, Seguin, Poulet, Laurent et Petibon, conseillers municipaux, s'est constituée et m'a confié le douloureux honneur de vous transmettre le résultat de ses travaux.

« Après avoir réuni toutes les demandes qui lui ont été remises, les avoir examinées et classées, elle en a formé trois dossiers, formés :

Le 1er. Des pièces comprenant les réquisitions de fournitures faites à l'armée allemande;

Le 2e S'appliquant aux fournitures faites à l'armée française, enfin

Le 3e Renfermant toutes les réclamations produites par les habitants qui ont eu plus ou moins à souffrir du pillage et des désordres résultant de l'invasion étrangère.

« En classant ainsi ces dernières pièces, la commission a été préoccupée, — sans vouloir cependant faire naître des espérances qu'elle ne prévoit pas, — du désir de sauvegarder les intérêts des personnes atteintes, en leur facilitant un recours, en cas d'une loi spéciale, ou de la création de ressources, quelle qu'en soit l'origine, destinées à indemniser les victimes de la guerre.

« Ce travail terminé, la commission, statuant aux termes de la délégation qu'elle a reçue, à réglé comme il suit l'état des demandes qui lui ont été soumises, et elle a fixé le chiffre ainsi que cela se trouve établi dans les tableaux annexés au présent rapport.

Armée prussienne :	23,585 fr. 25
Armée française :	808 fr. 70

« La somme de 23,585, fr. 25, produite par les fournitures réquisitionnées directement par l'ennemi, ou imposées par les très vives exigences de ses chefs, doit être préalablement garantie par la commune, sous la réserve toutefois de son recours contre le département ou contre l'Etat, si une mesure législative ultérieure venait à ordonner, — la guerre une fois terminee, — qu'il sera créé un secours destiné à indemniser par des subventions proportionnelles les communes atteintes par les dévastations et les ravages de l'ennemi.

« Les fournitures faites à l'armée française ne peuvent donner lieu à aucune difficulté financière, la nature même de leur origine les faisant rentrer dans la catégorie ordinaire des dépenses à la charge du budget de la guerre.

« Malheureusement il n'en est pas de même pour les pertes occasionnées par le pillage et par les désordres qui en sont la suite. Il ne s'agit point, en effet, pour la commune, de la responsabilité qui lui est imposée par la loi de vendemiaire an IV ; ces actes, — constituant un fait de guerre résultant de l'invasion étrangère, — ne peuvent donner lieu à aucun recours, soit contre la commune, soit contre l'Etat. Telle a éte la jurisprudence constante du Conseil d'Etat, consacrée par les différents arrêtés des 26 mars 1823, 11 février 1824, 10 août 1825 et 7 août 1835.

« En conséquence des observations qui précèdent, la commission, à l'unanimité, a donc l'honneur de vous proposer :

1°. De fixer à 23,585 fr. 25 les sommes dues pour les réquisitions faites par et pour l'ennemi, et d'en classer le paiement par telle mesure que le conseil municipal jugera devoir adopter;

2°. De renvoyer au budget de la guerre le paiement des fournitures faites à l'armée française;

3°. Enfin de rejeter et décliner le paiement des réclamations fondées sur le pillage et les désordres commis dans la ville chez les habitants, par suite de l'entrée de l'ennemi, conséquence de l'invasion étrangère.

«Et maintenant, messieurs, que la tâche matérielle de la commission est terminée, qu'il lui soit permis de vous dire :

« Que c'est le cœur navré, en face des désastres qui nous enserrent de toutes parts, qu'elle se présente devant vous;

« Que jamais le besoin de la paix, mais d'une paix honorable et durable pour la France ne s'est fait sentir ;

« Qu'elle fait les vœux les plus sincères pour que cette paix vienne promptement mettre un terme à une situation aussi affreuse que cruelle pour ce pauvre pays que l'on aime tant, que l'on voudrait voir grand et prospère, et dont, hélas ! la profonde humiliation retombe aujourd'hui sur chacun de ses enfants qu'elle brise et enveloppe de son triste et sanglant linceul.»

Fait et arrêté à Bellême le 1er décembre 1870.

Le Président (signé) Brière aîné. Le rapporteur (signé) L. Petibon. (Signé) Seguin, Aug. Poulet et Laurent.»

CHAPITRE IX.

Du 27 novembre au 9 janvier 1871 : Ce qui se passe à Bellême ou à Paris. — Batailles de Villorceau ou de Lorges.—Mélanges : Paris et Bellême.

I.

Dimanche 27 novembre. — Temps délicieux, surtout quand on pense qu'il n'y a plus de Prussiens à Bellême. Chacun se secoue en racontant ses pillages. — Pas de nouvelles de nos voisins de Mamers, de Mortagne ni de Nogent.

Lundi 28 novembre. — Les Prussiens sont maîtres de la route de Nogent à la Ferté-Bernard. Ils ont établi à Nogent un sous-préfet à eux. Ce même jour, les portes de Paris ont été fermées et dans le bois de Vincennes a été concentrée une armée de 80,000 hommes. Ducrot a fait le serment de ne rentrer dans Paris que mort ou victorieux. Nous verrons bien s'il tiendra parole.

Vendredi, 2 décembre. — Rien de nouveau à Bellême. Et à Paris !

La nuit du 28 au 29 a été exceptionnellement froide, et les 80,000 hommes qui bivouaquaient dans le bois de Vincennes ont beaucoup souffert du froid, car il avait été interdit d'allumer aucun feu. Dès six heures du matin, les troupes ont franchi la Marne. « Nous l'avons franchie, cette Marne infranchissable ! » disaient avec joie les soldats. A leur approche, les Prussiens qui étaient en force à Champigny, évacuent le village pour se retirer dans les positions fortifiées qu'ils ont établies. Toutes ces positions sont successivement enlevées.

II.

Jeudi 8, vendredi 9, Samedi 10 décembre

1870: Batailles de Villorceau (Loiret), ou de Lorges (Loir-et-Cher). — Le 8 décembre, à 8 heures du matin, le prince Charles attaque le 21e corps avec toute son armée. Notre 2e brigade est engagée dès le début ; le 1er et le 2e bataillon du 49e, placés en tirailleurs, font bonne contenance. Nos mobiles semblent avoir oublié qu'ils sont mal armés, qu'ils n'ont ni capotes, ni guêtres, ni couvertures, et qu'il gèle à 10 degrés.

A midi, deux compagnies du 4e bataillon (1), s'emparent de deux maisons sur la route, tandis que deux autres compagnies du 1er bataillon (2), enlevaient à la baïonnette la ferme de la Martinière et tuaient ou faisaient prisonniers les Allemands qui l'occupaient.

Quelques instants après « l'infanterie prussienne, » dit le général Chanzy, « s'avança jusqu'à la ferme de la Motte, en avant des lignes du 21e corps. Elle ne put y tenir longtemps devant l'attaque vigoureuse du 49e mobiles (Orne) qui occupa le plateau avec ses trois bataillons (1er, 2e et 3e).

Plus tard, à deux heures, l'ennemi essayant un retour offensif, appuyé d'une vive ca-

---

(1) Capitaines de Boynes et Mauger.
(2) Capitaine Roulleaux-Dugage.

nonnade et d'une charge de cavalerie, « le 48e mobiles se maintint à la ferme de la Motte. »

La 2e brigade avait 40 morts et 115 blessés, mais l'aile gauche de la 2e armée de la Loire était victorieuse, elle ne connaissait pas les désastres de l'aile droite et la déroute du général Camô.

Le 9 décembre, « le général Collin, prévenu par ses reconnaissances (1) que des mouvements de troupe ennemie avaient eu lieu pendant toute la nuit, fit avancer un bataillon à la ferme de la Villette. Mais arrivé sur ce point, le capitaine Lévy (2), qui commandait cette colonne, fut assailli par des forces supérieures, et obligé, malgré le secours du 2e bataillon de l'Orne, de se replier sur la Motte où il se maintint. » (Chanzy, p. 139).

A onze heures, le 2e bataillon soutenait seul la lutte à la ferme de la Motte. Le 4e était décimé, et n'avait plus de cartouches.

Pendant ce temps, le 1er bataillon, enlevé par le capitaine Montaigu s'emparait de la ferme de Villecoulon, entre la Villette et la Motte.

---

(1) Les francs-tireurs d'Argentan, commandant Du Buisson.
(2) 41e de ligne.

A midi, dépêche télégraphique du ministre de la guerre : ordre de tenir jusqu'au dernier homme. On tiendra. Deux bataillons de mobilisés de la Sarthe sont donnés comme renfort au 1er bataillon du 49e, qui occupe Villecoulon. Mais on n'a ni réserves, ni cartouches, ni boulets.

Le 2e bataillon du 49e attend l'ennemi de pied ferme devant la Motte.

A 1 heure et demie, l'ennemi qui a concentré toutes ses forces sur la 2e brigade, lui envoie le feu de soixante pièces de canon.

Le 2e bataillon s'avance à 800 mètres de l'ennemi, fusille les artilleurs prussiens sur leurs pièces et réduit deux batteries au silence. Il avait encore des cartouches pour une demi-heure. Le 1er bataillon n'en avait plus.

La batterie du capitaine Fournier est démontée. Ses chevaux et ses artilleurs sont tués. Le sous-lieutenant de Vauvineux (1), blessé au genou, descend de cheval, attèle les chevaux de l'escorte aux pièces menacées et les emmène.

Arrivent des cartouches. Elles ne sont pas de calibre. Le feu de l'artillerie ennemie redouble. Le général Collin est obligé de se retirer du

(1) 4e bataillon, 2e compagnie.

champ de bataille ; le lieutenant-colonel Des Moutis le remplace. Les ambulances s'emplissent.

Il est 4 heures et demie, le 2e bataillon du 49e se retire après avoir brûlé sa dernière cartouche.

Alors, fidèles à leur consigne, les 7,000 hommes de la 2e brigade, officiers et aumôniers en tête, marchent à l'ennemi. Ils le font reculer, et restent maîtres du champ de bataille.

Les Prussiens avaient brûlé Villecoulon, tout rempli de blessés; les aumôniers du 1er et du 2e bataillon les enlevaient sous le feu. A 6 heures du soir, le 1er et le 4e bataillon purent tranquillement réoccuper les ruines fumantes de la ferme ambulance.

La 2e brigade avait obéi aux ordres du ministre. Vingt-sept officiers et 1754 tués ou blessés prouvaient qu'elle était déterminée à tenir jusqu'au dernier homme. Le 49e avait été rudement éprouvé.

1er bataillon. — Tué, le sous-lieutenant *Mabile*. — Blessé, le lieutenant *Métairie*.

84 hommes tués ou blessés. Parmi ces derniers :

3e compagnie. — *Bouilly* Julien, garde, médaille militaire, 16 novembre 1871.

Blanchet Victor, garde, médaille militaire, 16 novembre 1871.

4e compagnie.— *Morel* Jules, garde; depuis, sergent-fourrier, médaille militaire, 10 octobre 1871.

7e compagnie. — *Landrin* Gustave, sergent, médaille militaire, le 10 octobre 1871.

2e bataillon. — Blessé mortellement, le lieutenant *Gaugain*, 2e compagnie.

Blessés : le capitaine *de Montzey*, 2e compagnie, décoré le 8 juin 1871.

Le lieutenant *Marc*, 2e compagnie, décoré le 5 mai 1871.

Le lieutenant *de Fontaine*, 1re compagnie, décoré le 10 décembre 181 ;

232 hommes tués ou blessés, parmi lesquels :

Tué : *Decour*, sergent-major, 4e compagnie.

Blessés : *Villette*, sergent, 1re compagnie.

Girault, sergent, 2e compagnie.

Trigault, sergent, 4e compagnie.

Lée, sergent, 4e compagnie, médaille militaire, 16 novembre 1871.

Caporaux : *Rebin*, 3e compagnie.
Dumoulin, 4e compagnie.

Garde : *Pichon* Frédéric, 3e compagnie, médaille militaire, 29 juin 1871.

3e bataillon.— Blessés : *Guiot*, commandant, officier de la Légion d'honneur, 9 janvier 1871.

Houssin-de-Saint-Laurent, capitaine, décoré le 28 février 1871.

170 hommes tués ou blessés. Parmi ces derniers :

Sergent-major : *Moreau* Ernest, 2e compagnie, médaille militaire, le 10 octobre 1871.

Caporal *Balloche* Eugène, 6e compagnie, médaille militaire, 16 novembre 1871.

Garde *Lainé* François, 1re compagnie, médaille militaire 29 juin 1871.

4e bataillon. — Blessé, sous-lieutenant *de Vauvineux*, décoré le 5 mai 1871.

Contusionné, capitaine *Mauger*.

75 hommes tués ou blessés.

La 2e brigade et son chef, le lieutenant-colonel *des Moutis*, furent complimentés par le général *Jaurès*, commandant du 21e corps. Ils couchèrent sur leurs positions et reprirent leur campement. Il faisait encore plus froid que la veille.

« L'attitude des troupes dans la journée d'aujourd'hui est digne d'éloges, » dit Chanzy (1) ; et le général en chef manifeste à tous, généraux, officiers et soldats, sa satisfaction.

Le ministre de la guerre, *De Freycinet*, passa la nuit du 9 au 10 au quartier général de l'armée de la Loire ; la retraite y fut jugée inévitable, à moins d'une diversion inespérée de la 1re armée, au grand regret de Chanzy, commandant en chef de la 2e. En attendant, il demanda pour ses coopérateurs la juste récompense de leur courage. Le 49e, qui avait été à la peine, ne fut point oublié à l'honneur. Furent proposés pour la croix d'officier : lieutenant-colonel des Moutis ; chefs de bataillon Guiot et de la Ferronnays.

Furent proposés pour la croix de chevalier : chefs de bataillon, de Montaigu et Mazier.

Capitaines, Roulleaux-Dugage, de Boynes et Mauger.

---

(1) Page 126.

Sous-lieutenant, de Vauvineux.

Le 10 décembre, le 21ᵉ corps fut peu engagé. Toutefois, le 2ᵉ bataillon du 49ᵉ, qui avait réoccupé les ruines de Villecoulon et s'y maintint, eut à subir, au commencement de la journée, le feu de l'ennemi. Le capitaine de Courcy y fut blessé (1).

Le 11, la retraite commença. Le 21, la 2ᵉ division du 21ᵉ corps s'établit en avant de Sargé, et chercha à se réorganiser.

La 2ᵉ brigade et le 49ᵉ avaient souffert des maux inouïs. Tombé dans un fossé, le lieutenant-colonel des Moutis avait confié la brigade au commandant de la Ferronnays, et le 2ᵉ bataillon, perdant ses souliers dans la boue, marcha, le 21, pieds nus à l'ennemi.

Le 9 janvier 1871, le 49ᵉ, un peu réorganisé, renforcé des 300 soutiens de famille laissés au dépôt, complètement armé de chassepots et de sniders, partit de Sargé avec la 2ᵉ division. Le général en chef voulait reprendre l'offensive.

Le 10, on se battait partout, à Parigné-l'Evêque, à Changé, à Saint-Hubert, à Champagné. Bien que nous eussions gardé nos po-

(1) Décoré le 16 novembre 1871.

sitions à la fin de la journée, nous avions subi quelques échecs partiels. Les pertes du 49e furent peu sensibles ce jour-là.

A la Chapelle-Saint-Remy, la 2e brigade soutenait seule l'attaque de la 22e division du 13e corps allemand et arrêtait l'ennemi, grâce au 41e de ligne et au 2e bataillon de l'Orne.

III.

Dimanche, 11 décembre. — La bataille de Champigny a continué le 2 décembre. « C'est une victoire, dit-on », victoire chèrement achetée. Tué le général Renault, tué le commandant Franchetti des éclaireurs volontaires de la Seine, tués ou blessés un grand nombre de défenseurs. Trochu conclut un armistice pour enterrer les morts et recueillir les blessés. Tandis que nos troupes immobiles se gèlent, sous prétexte de repos, l'ennemi amène de Versailles des renforts considérables.

A 4 heures, l'armistice expire ; le combat recommence terrible, acharné, jusqu'au soir.

Le 3, pas de combat ; un temps brumeux et sombre.

Le 4, les Prussiens s'apprêtaient à nous attaquer de nouveau lorsque, à leur grande surprise, ils s'aperçurent que l'armée tout entière, abandonnant les positions conquises, a repassé la Marne.

Comme toujours, depuis le commencement de cette fatale guerre, nos troupes avaient héroïquement combattu, pour finir par se replier en bon ordre. Et voilà comment Ducrot rentra dans Paris. Expliquera sa retraite qui pourra. Pour nous, nous n'y voyons qu'un fait incompréhensible, dont la responsabilité retombera sur des chefs inhabiles... ou malheureux. Ce que l'on peut dire avec vérité, c'est que les Allemands ont rendu hommage à la valeur des défenseurs de Paris, au combat de Champigny.

Jeudi, 15 décembre. — Il arrive ce matin, à Bellême, 500 mobiles qui ne font que passer. — Pas de journaux, pas de nouvelles.

Dimanche, 18 décembre. — Depuis quelques jours, nous avons la petite vérole charbonneuse à Bellême, apportée par des mobiles. Voici des détails qui nous arrivent tardivement sur le brave commandant Mathieu, qui laisse le souvenir d'un homme énergique et d'un patriote dévoué.

Le 20 novembre au soir, le commandant Mathieu du 2e bataillon de la garde nationale mobilisée de l'Orne, avait ainsi pris ses dispositions.

Il coucha seul à Longny, la compagnie de Longny était cantonnée à Marchainville, la compagnie de Mortagne était campée à la barricade de Feuillet, enfin les compagnies de Nocé et de Rémalard avaient établi leurs campements à l'Etang-des-Personnes.

Le 21, le commandant partit de Longny, s'arrêta au Mage, accompagné seulement de son ordonnance, il envoya son cheval à l'Etang-des-Personnes, où stationnaient les compagnies de Nocé, capitaine Voisin, et de Rémalard, capitaine Vallée. Ces deux compagnies furent ainsi averties de l'arrivée du commandant qui devait être immédiate, et s'attendaient à recevoir des ordres.

Il paraît que le commandant, pendant qu'il était au Mage, reçut une communication qui le détourna de se rendre à l'Etang-des-Personnes comme c'etait son intention bien marquée, puisqu'il s'y était fait précéder par son cheval. On lui intimait l'ordre de se diriger vers la Madeleine-Bouvet.

Il laissa les hommes de la compagnie de Mortagne à la barricade de Feuillet et se fit accompagner par trente francs-tireurs de la compagnie de Paris qu'il avait rencontrés sur la route.

Il trouva l'ennemi à la Madeleine-Bouvet, où s'engagea l'action dans laquelle ce brave commandant fut grièvement blessé.

Vers midi, l'ordonnance vint requérir à l'Etang-des-Personnes le cheval du commandant pour le lui mener à la Madeleine-Bouvet, où l'action était engagée ; cet ordonnance, blessé par des Prussiens embusqués entre la Madeleine-Bouvet et Moutiers-au-Perche, ne put passer, dut se replier et ramener le cheval au Mage.

Lorsque le commandant tomba, il fut relevé par les francs-tireurs.

Rapporté chez lui, il succomba, malgré les soins empressés de sa femme et de ses enfants, à une fièvre purulente qui l'enleva au bout de quelques jours.

Jeudi, 22. — Trois alertes, dans Bellême. — A huit heures, on annonce 1,500 Prussiens venant par la route de la Chapelle : 1• alerte. — Dieu merci, c'est faux. — A midi, on dit que le conducteur de la voiture de Nogent a croisé les Prussiens à Berd'huis ; le maire est prévenu de l'arrivée de 3,000 cavaliers ce soir : 2e alerte. — On attend, rien ne vient. Un gendarme, envoyé en éclaireur, revient à bride abattue : 3e alerte, — Il n'a pas rencontré un chat. On espère dormir tranquilles.

Vers minuit, quand tout le monde repose, arrivent de Longny des francs-tireurs et des mobiles. A la faveur de la lune, l'instituteur en voit une centaine qui ont escaladé les murs de l'école et sont en train de se faire un lit avec des bottes de paille déposées en tas sous le hangar. — Le matin, le maire renvoie les francs-tireurs. — Les Prussiens ont pillé quelques fermes dans Nocé.

Vendredi, 23 décembre. — Affaire de la Mariette. — Dans la soirée du 23 décembre 1870, le lieutenant-colonel Raulin, commandant la 3e légion des mobilisés de l'Orne réunissait à Mortagne, au café de la Rotonde, tous les officiers de sa légion. Il leur annonçait que des Prussiens se trouvaient à Bellême, en petit nombre, se reposant de leurs récentes expéditions ; que leur capture devait être tentée. Dans ce but il donna l'ordre à trois bataillons de partir le soir même par trois routes différentes.

Le 1er bataillon devait passer par Mauves et par le Buisson.

Sur les 10 heures du soir, par une nuit noire et glaciale, les trois bataillons accomplissaient les ordres reçus en suivant, chacun, l'itinéraire qui lui était assigné.

Le 1e bataillon, sous les ordres du commandant de la Forcade, était composé des compagnies de Mortagne, Laigle, Moulins-la-Marche, Bazoches et Tourouvre, — chaque compagnie était composée des hommes du même canton. — Ce bataillon se rendait donc résolument sur Bellême, marchant silencieusement sur la berge de la route afin d'étouffer le bruit de ses pas.

Après avoir passé Mauves, le commandant donna l'ordre de charger les armes. Par malheur, un homme, dont les doigts étaient sans doute engourdis par le froid, appuya sur la détente de son fusil ; le coup partit. Cette détonation, dans le silence de la nuit, éveilla sans doute l'attention des sentinelles prussiennes, car, après s'être remis en marche, les hommes aperçurent en avant plusieurs fusées qui devaient servir de signal à l'ennemi.

Ce bataillon, qui allait, pour surprendre des Prussiens à Bellême, se trouvait lui-même surpris et épié au passage.

Le Buisson fut traversé sans encombre, mais au-delà de la Mariette, près d'une carrière, une embuscade était dressée.

Nos mobilisés continuaient leur route, luttant contre le sommeil et le froid, plusieurs même marchaient en dormant: tout-à-coup des *hourrah* retentirent et furent suivis d'une décharge d'environ vingt-cinq coups de carabine, deux hommes furent tués, l'un de la compagnie de Laigle et l'autre de la compagnie de Moulins. Les mobilisés ripostèrent par une centaine de coups de feu, mais bien inutilement, car les Prussiens étaient dissimulés derrière le talus de la route et s'enfuirent aussitôt par le petit chemin qui conduit à St-Jean-la-Forêt. Alors régna un complet désarroi : nos mobilisés, épouvantés, ignorant la force de l'ennemi, aussi bien que sa retraite, se précipitèrent à travers champs du côté opposé et rentrèrent le matin dans Mortagne en complète débandade.

Cette embuscade était de bonne guerre. Nos pauvres mobilisés, récemment arrachés à leur famille, et subitement transformés en soldats, ont fait ce qu'ils ont pu en cette circonstance, de vieilles troupes n'auraient pas eu meilleure contenance. Que faire devant un ennemi invisible.

Une certaine obscurité a longtemps régné sur cette affaire. On a même dit que l'attaque venait d'une compagnie de francs-tireurs. Il est bon de le constater : si le sang français a encore coulé là, c'est par la main de l'ennemi.

Le lendemain, dès huit heures du matin, le bruit de cette affaire était répandu dans Bellême. L'Instituteur fut chargé par la municipalité d'aller, avec M. Pitou, charpentier, recueillir les morts ou les blessés sur le champ de bataillo. Mais déjà ils avaient été enlevés et transportés à Saint-Jean, où le curé leur rendit les derniers devoirs.

Samedi, 24 décembre. — On cause toujours de l'affaire de la Mariette, sur laquelle on fait mille conjectures : ce sont des francs-tireurs, dit-on, qui ont tiré sur des mobiles. — Il a fallu plus de dix ans pour savoir la vérité, laquelle m'est arrivée par un mobile de Laigle, qui était de l'expédition nocturne du 23 novembre. Faut-il du temps à la vérité pour se faire jour ?

Lundi, 26 décembre, — 13 degrés de froid à Bellême : c'est inouï. — 1,200 mobilisés arrivent à midi, ils se logent où ils veulent, comme les Prussiens. — Il doit arriver de la cavalerie ce soir; il n'arrive que des francs-tireurs. — Il nous vient des nouvelles du 20 décembre : « A Paris, on est dans l'inquiétude ; aux souffrances physiques que causent les privations du siège se joignent les souffrances morales, la douleur d'être sans communications avec des parents ou amis de province, les regrets causés par la perte des fils et des frères qui vont se faire tuer aux avant-postes. Il se produit une exaltation patriotique qui fait fermenter les passions politiques dans des milliers de têtes. Il se tient d'orageux conciliabules, il se produit des manifestes.

Alors paraît, le 19 décembre, le programme de l'Alliance républicaine, signé des noms de Brives, Lamarque et Ledru-Rollin.

Le Gouvernement, sous peine d'être débordé, indique son intention de faire quelque chose, en ordonnant, le 18 décembre, qu'à partir du lendemain toutes les portes de Paris seront fermées à midi.

Le 21, attaque du Bourget, par 108 bataillons de la garde nationale mobilisée, ayant pour commandant le général Trochu. A la tête des divisions sont Vinoy, Ducrot, Clément Thomas, la Roncière le Noury et Schmitz. — Succès à 2 heures du soir ; 1,000 prisonniers prussiens sont amenés du Bourget à Saint-Denis. O malheur ! les vainqueurs du Bourget reçoivent du général Ducrot l'ordre de battre en retraite ! Les généraux et leurs états-majors tournent bride et se replient sur le Drancy ! Les Allemands sont stupéfaits en voyant les Français battre en retraite au moment où ils se croient écrasés par eux. — Il fait un froid atroce qui sert de prétexte pour faire rentrer les troupes dans Paris. Les Prussiens redoublent d'activité ; ils se disposent à employer contre Paris les moyens d'attaque à grande distance, qu'ils ont depuis longtemps rassemblés. C'est le commencement du bombardement.

Mercredi, 28 décembre. — Temps de neige. Il gèle beaucoup. — Bellême garde encore les mobilisés qu'il a depuis dimanche.

Jeudi, 29 décembre. — Alerte à midi : on dit les Prussiens à Mamers. On envoie un estafette ; rien du tout. On attend des cavaliers prussiens le soir à Bellême. Dieu merci ! nous dormons sans les avoir vus. — Quelques francs-tireurs dans le pays.

Vendredi, 30 décembre. — Encore une alerte : on a vu hier des cavaliers ennemis à Rémalard. Ce sont sans doute les pillards annoncés hier. — Les francs-tireurs sont partis en éclaireurs pour le Buisson.

Samedi, 31 décembre. — Toujours des Prussiens en rêve. — Nos francs-tireurs vont au Pin et reviennent le soir. — A Paris, le bombardement des forts de Nogent, de Rosny et de Noisy a continué hier, 30 décembre, toute la journée.

Lundi, 2 janvier 1871. — Des cancans et des cancans : on croit toujours qu'on va assaillir Bellême. — Il arrive des troupes demain, dit-on.

Mardi, 3. — Il nous vient des mobiles de Vimoutiers. — Quelques Prussiens à Longny, Rémalard, Laigle, Bellême.

Il gèle encore à 9 degrés. — Nouvelles de Paris du 15 au 30 décembre sur l'affaire du Bourget. — On parle toujours beaucoup des ravages de la vérole noire.

Mercredi, 4.— Temps superbe : 5 degrés de froid et soleil. — Inhumation de M. Petibon, ancien maire, enlevé par la vérole noire : au service, il n'y a dans le chœur que quatre hommes, très peu de femmes ; les pauvres sont en majorité. — Le bombardement de Paris est commencé. — Nos mobiles ont quitté Bellême.

Jeudi 5, et vendredi 6 janvier.— Temps glacial, gris, du givre sur les arbres. Tout gèle, gens, pommes, œufs, etc. A la Fourche, le général Rousseau, à la tête d'une colonne mobile, est attaqué par des forces supérieures et obligé de se replier sur Nogent-le-Rotrou. Son adversaire est le grand-duc de Mecklembourg, à la tête du 13e corps.

Samedi, 7 janvier. — Temps de dégel et brouillard. On s'embourbe dans les rues. Pas de nouvelles le matin. — A midi, 1,800 mobilisés s'en vont à Rémalard. — Le soir, ils reviennent en retraite ; ils ont sans doute appris que Rousseau s'est replié sur Nogent et que les

Prussiens marchent sur le Theil. — Les mobilisés de Vimoutiers, partis avant-hier, reviennent aussi, exténués de fatigue ; ils retournent dans leurs anciens logements. — On dit que 15,000 ennemis sont à la Madeleine-Bouvet : c'est une erreur de date, on veut parler des 5 et 6 janvier. Les Prussiens marchent sur le Theil ; demain ils seront à la Ferté-Bernard.— Il nous arrive dans l'après-midi 700 mobiles, de Mamers.

Dimanche, 8 janvier 1871. — Depuis quinze jours, on ne voit à Bellême que mobilisés et francs-tireurs, on n'entend que le bruit du clairon ou du tambour annonçant le passage d'un bataillon ou le séjour de quelques compagnies de mobiles.

Aujourd'hui, plus de mouvement qu'à l'ordinaire ; on dit qu'il y a autour de Coësme et de la Renardière 12 à 1,500 Prussiens de cachés; d'autres viendraient de Rémalard. Des sentinelles françaises, placées en grandes gardes à la ferme de la Bulardière, signalent des éclaireurs prussiens.

A trois heures, pas de vêpres; les deux pièces d'artillerie placées sur les Promenades sont attelées et se dirigent vers Serigny. Les francs-tireurs marchent en avant ; les mobilisés les suivent au pas gymnastique : le lieutenant-colonel Poirier est à leur tête. Arrivés au quartier de l'Ormeau, ceux-ci jettent leurs sacs à terre comme des impedimenta et courent vers Serigny, au pas de course. Bientôt le canon gronde, les balles sifflent, les obus pleuvent, la plupart de nos mobilisés reçoivent le baptême du feu.

Les Prussiens avaient pris position sur le sommet de la côte de la Barre, à quatre kilomètres de Bellême. Notre artillerie se plaça dans un petit bois, à deux kilomètres de distance, démonta une pièce ennemie et tua plusieurs hommes ; nos troupes se déployèrent en tirailleurs à travers champs et dans les fossés de la route. Le point principal de l'action fut le domaine de la Renardière qui n'était occupé que par un jardinier. Se voyant tournés, les Prussiens abandonnèrent leur position et battirent en retraite. Vingt-deux furent faits prisonniers et ramenés en triomphe à la mairie où ils passèrent tranquillement la nuit, bien traités par l'autorité municipale qui fournit abondamment à leurs besoins.

Un épisode de la soirée. — Lors de la retraite, quelques Prussiens s'étaient cachés à la Renardière, dans un bâtiment servant d'écurie aux bestiaux de la ferme et s'y étaient bien enfermés. Un franc-tireur, se doutant du stratagème, essaye d'abord d'ouvrir la porte ; puis, voyant l'inutilité de ses efforts, il l'enfonça à coups de crosse de fusil et aperçoit blottis dans un coin, quatre Allemands, plus morts que vifs, qui se hâtent de se constituer prisonniers. — « Tiens, c'est toi, Guilhem, dit le franc-tireur à l'un des prisonniers, ne me reconnais-tu pas ? — « Hélas, oui, répond l'Allemand après un moment d'hésitation, l'an passé, nous étions ensemble au Coin de Rue ! »

Inutile de dire que les deux employés revinrent ensemble à Bellême et que les Allemands n'eurent pas à se plaindre de leur captivité. Mais ils purent, en parcourant les rues pleines de curieux, entendre les cris mille fois répétés de : « Vivent les mobilisés, vivent les francs-tireurs ! » On eût dit que le succès de cette soirée avait sauvé Bellême d'une nouvelle invasion. Mais, pour les gens sensés, c'était le commencement d'une nouvelle épreuve qui venait s'ajouter à nos souvenirs de novembre.

D'ailleurs, si les Prussiens avaient été, en cette journée, fort éprouvés, les Français avaient à déplorer la perte d'un brave officier de mobilisés, tué en entrant à la Renardière, et qui fut, le lendemain, inhumé dans le cimetière de Serigny, en attendant que sa famille vînt réclamer son corps qui lui fut rendu après la guerre.

CHAPITRE X.

Deuxième occupation prussienne à Bellême par le général Bernardini, du 9 au 16 janvier 1871 : Evènements de Bellême ou des environs.— Evènements du Mans et des environs. — La prise du Mans et d'Alençon.

I.

Lundi, 9 janvier. — Dès quatre heures du matin, le tambour bat, les mobilisés, nos victorieux de la veille, sont debout et se dirigent vers Mamers ; c'est tout comme au 22 novembre les mobiles filant sur le Mans.

A peine les dernières compagnies sont-elles au Gué-de-la-Chaîne que quelques uhlans paraissent dans Bellême, le pistolet au poing. A la folle joie de la veille a succédé la crainte, hélas ! trop justifiée d'une nouvelle occupation.

A onze heures, 25 cavaliers prussiens vont à la mairie commander 4,000 livres de pain et autant de viande pour eux et les leurs qui arrivent au nombre de 1,500.

A trois heures paraissent les corps annoncés, traînant 17 pièces de canon. Déjà ils remplissent nos rues et nos maisons. La neige tombe en abondance, les chevaux glissent et se cabrent. On entend une vive fusillade du côté de la route du Mans. Les Prussiens, déjà installés dans nos maisons, montent, à cheval, et par toutes les issues se rendent vers le point d'où semblent partir les coups.

Ce sont les francs-tireurs de la veille qui sont restés pour disputer aux Prussiens l'entrée de Bellême. Embusqués dans le champ des Domineries, près d'une suiferie, ils sont disposés à vendre chèrement leur vie. En effet, ce n'est qu'après avoir tué plusieurs ennemis et avoir perdu plusieurs des leurs qu'ils se retirent vers Bonnétable.

Le bourg de Serigny, qui se trouvait le premier sur le passage des Prussiens fut assez maltraité par eux. Toutes les maisons dont le propriétaire était absent, furent converties en écuries, les meubles furent brisés ou jetés au dehors. Le presbytère qui se trouvait sans prêtre eut le même sort que les maisons particulières et l'église fut profanée. Les ornements sacerdotaux furent détruits ou jetés au vent.

La nuit suivante, du 9 au 10, est une de ces nuits funestes que n'oublieront jamais ceux qui ont été forcés d'en être les témoins.

Les officiers prussiens qui avaient perdu un des leurs dans le combat des Domineries, étaient fort irrités. Ils mirent des postes à toutes les issues de la ville. Le plus nombreux fut établi dans les trois classes de l'école communale et dans le logement particulier de l'instituteur. — « Vous, bien gardé, dit l'officier à l'instituteur, comme fiche de consolation. »

De six heures du soir à six heures du matin, ce fut un repas continu. Quand les Prussiens eurent vidé une pipe de cidre, qui ne leur coûtait rien, ils allèrent chercher du vin au dehors et préparèrent leur café devant les feux de la cuisine et de la salle dans tous les vases possibles, absorbant tout, café et jus. A minuit, ils apportèrent toutes sortes de viandes, les hachèrent menu comme chair à pâté avec des oignons trouvés dans un des fourneaux de la maison et en firent un mets qu'ils nous offrirent de partager avec eux et nous vantèrent comme très succulent. De minuit à deux heures, on fit bouillir le pot au feu, et les chefs s'en administrèrent quelques bols, tandis que les simples soldats mangèrent la soupe au café, puis chacun s'arrangea de son mieux et se fit un lit comme il put, à terre, et s'endormit jusqu'au matin.

Mardi, 10 janvier. — Vers six heures, chacun procéda à sa toilette du matin. Le chef se débarbouilla le premier avec une serviette blanche, laquelle passa au premier soldat, qui la passa au second, qui la passa au troisième jusqu'à ce qu'elle arrivât, non immaculée, entre les mains du vingtième qui réclama, sans succès, un nouvel essuie-mains et une eau plus pure.

La provision d'eau était épuisée ; il n'y en avait pas une goutte à la maison.

Force fut aux maîtres-adjoints et à l'instituteur de se mettre en quête d'eau ; mais les fontaines étaient encore fermées à cette heure. Messieurs les Prussiens durent recourir à la neige qui couvrait une partie de la cour et, quand les maîtres revinrent avec la provision d'eau, ils eurent le plaisir de trouver nos hommes, déguerpis sans tambour ni trompette.

A sept heures du matin, ils suivaient la route du Mans, et Bellême se voyait délivré de ses hôtes incommodes. Mais son repos fut de courte durée.

A midi, on annonce 4,000 Prussiens; l'avant-garde, formée de dragons bleus, fait les logements : pour les hommes, ce sont les logements d'hier; pour les chevaux, ce sont les écuries des hôtels, des auberges, qu'il faut leur abandonner.

Des dragons noirs et blancs arrivent. A peine installés, une alerte : le chef part avec toute sa troupe, ne fait qu'un galop jusqu'à Grammont et revient aussitôt avec ses hommes.

Rendus à leurs logements, ils procèdent ou font procéder à leur cuisine: oies, poulets, dindons, lapins, sortent du fond des sacs et vont, avec la viande de boucherie, remplir les marmites ou les casseroles qu'ils s'adjugent par droit de conquête. Le vin aussi coule à pleins brocs; les dragons aiment le vin et la bonne chère, ils sont plus exigeants encore que les fantassins.

Mercredi, 11, et jours suivants jusqu'au 16.— Grand mouvement dans nos rues, sur nos places ; les Prussiens se dirigent, les uns sur Igé; les autres sur Mamers, mais il en reste environ cinq cents qui s'occupent de réquisitions : il faut pourvoir à l'approvisionnement de l'armée. Chaque cultivateur est obligé de conduire à la mairie un nombre déterminé de sacs d'avoine, les boulangers un approvisionnement de pain, les bouchers, tant de viande chaque jour. Ce n'est pas tout : par ordre du maire, —

lisez : des Prussiens, car ce sont eux qui commandent, — chaque citoyen doit balayer les rues, et remplacer devant sa localité, la neige qui s'y trouve par une légère couche de poussière afin que les chevaux des Allemands y puissent marcher sans danger. Des tapis, s'il vous plaît, pour les milices de Guillaume ! Ce n'est pas trop pour les soldats qui ont enfoncé nos portes, brisé nos fenêtres, outragé nos femmes et nos filles.

Plus de service télégraphique. — Les voitures ne peuvent plus marcher à cause de la neige, Les Prussiens envoient force patrouilles du côté de Mamers ; ils partent 20, ils reviennent 15. Ils paraissent inquiets. Le vendredi 13 on leur a tué un officier et 7 soldats. Ils sont partis furieux du côté de Chemilly avec deux pièces de canon. Le 14, ils ont eu un engagement avec des francs-tireurs et ont perdu sept des leurs. Heureusement on apprend que le Mans est pris. Cette fâcheuse nouvelle nous délivre des oriflammes noires et blanches des lanciers, des sombres insignes des hussards de la mort. Le soir, dès le point du jour, ils évacuent Bellême et se dirigent sur le Mans. Nous ne les reverrons que le 3 février, après la prise du Mans et d'Alençon.

« Voilà la vérité sur ce qui s'est passé à Mortagne le 8 janvier lors du passage de 150 dragons prussiens. — Un habitant inoffensif a mis la main à la bride du cheval d'un dragon qui l'a étendu raide mort. Le ciel est juste : ce Prussien est tombé au tournant d'un trottoir et a été assez fortement contusionné pour qu'on ait été obligé de le mettre à l'hôpital. Il y est resté jusqu'au jeudi 12 janvier. Alors, sur l'avis du médecin, la mairie de Mortagne l'a fait transporter à Alençon. — Après cela, expliquera qui pourra les faits et gestes du préfet d'Alençon, ce n'est pas notre affaire.

Disons sommairement les grands évènements qui se sont passés, pendant cette période de temps, aux environs du Mans et dans le Mans même.

II.

Evènements du Mans et des environs. — La fatale journée du 11 janvier, qui décida du sort de la France, ne fut pas sans gloire pour nos armes.

Les engagements précédents n'avaient été que les préludes de ce dernier choc. Des deux côtés, on s'était préparé pour ce grand jour. Chanzy, quoique sa santé fût depuis quelques jours profondément ébranlée, se mit en marche au matin, suivi de son état-major. Entouré de son escorte de spahis, dont le costume seul produisait sur les troupes une vive impression, il passa, de neuf heures à midi, devant les troupes, rangées en bataille, du Tertre-Rouge aux hauteurs d'Yvré, « distribuant aux uns des félicitations pour leur conduite passée, aux autres des encouragements pour le combat qui allait s'engager d'un instant à l'autre. »

La température était froide; la neige couvrait la terre d'une couche épaisse, qui entravait les mouvements de l'artillerie.

Le prince Frédéric-Charles, ayant toujours son quartier-général à Bouloire, avait donné ses ordres aux différents corps qui composaient son armée. Les deux divisions prussiennes avaient opéré leur jonction dès le matin ; elles s'avancèrent de conserve contre la ligne Chapelle-Lombron, protégées par des batteries placées sur les hauteurs de Connerré et couvertes par la chaussée du chemin de fer.

A midi, l'action fut générale sur tout le front de la 2e division. A six heures du soir, nous pouvions nous considérer comme vainqueurs. Le général Gougeard et les volontaires de l'Ouest avaient soutenu la fortune de la France. Des deux côtés, on comptait des pertes énormes. « Encore une victoire comme celle-là, avait dit le grand-duc de Mecklembourg, et nous sommes perdus. »

Le Tertre-Rouge, un des points les plus élevés qui dominent le Mans au sud, était véritablement la clef de la ville. Fortifié par la nature et par de grands travaux de défense, ce poste semblait imprenable. Aussi avait-on cru pouvoir, sans inconvénient, en confier la garde à plusieurs bataillons de mobilisés de Bretagne, troupes neuves, inexpérimentées, armées d'une manière insuffisante.

Entre 6 et 7 heures, le général Kraatz-Koschlau envoie en avant quelques bataillons pour tâter les Français qui occupaient la Tuilerie (Tertre-Rouge). Arrivés à distance du tir, les Allemands envoient quelques obus. Les mobilisés, qui croyaient la bataille finie et avaient commencé à préparer la soupe, perdent la tête et, sans essayer seulement de riposter au premier feu, se débandent honteusement et se mettent à fuir en tous sens, sans que la brigade chargée de les appuyer puisse les retenir. C'est la panique inconsciente et insensée. Les mobilisés se répandent dans le faubourg de Pontlieue, et portent de tous côtés l'alarme et la terreur ; l'obscurité de la nuit augmente encore le désarroi ; bientôt c'est une déroute complète.

Défaillance coupable, assurément ; mais

quelles excuses » dit le général Gougeard, ne pourrait-on pas invoquer en faveur de ces pauvres gens, arrivés depuis peu de ce misérable camp de Conlie, sans instruction militaire et pourvus d'armes dans lesquelles ils n'avaient aucune confiance et dont ils savaient à peine se servir ? »

En cette mémorable journée, la 2e brigade avait fait son devoir, en exécutant sous le feu une manœuvre difficile, et Chanzy, dans son rapport, dit textuellement : « Le lieutenant-colonel des Moutis sut contenir de ce côté les efforts de l'ennemi. »

Le 49e eut 350 hommes tués ou blessés.

Blessés : *Bouvet*, caporal, 1re compagnie du 1er bataillon;

Leroyer Jules, garde, 5e compagnie du 1er bataillon, médaille militaire, le 11 janvier 1871 ;

Jannequin Arsène, garde, 1er bataillon, 5e compagnie, médaille militaire, 16 novembre 1871 ;

Marchand, caporal, médaille militaire, 10 octobre 1871.

A Saint-Célerin, le commandant *Le Tessier*

avait contenu l'effort de l'ennemi avec les 1re, 2e, 6e, et 7e compagnies du 3e bataillon. Il était débordé et allait être enlevé, quand le capitaine *Chambay*, de la 1re compagnie se jeta dans une maison, s'y barricada et se défendit en désespéré. Il fut blessé et pris, mais les 4 compagnies purent se reformer. Elles avaient épuisé toutes leurs cartouches, perdu 224 hommes tués ou blessés, et 16 prisonniers, y compris le capitaine Chambay, mais elles avaient donné à la 4e brigade, le temps d'exécuter sa manœuvre.

Blessés : Chambay, capitaine.

Morin Emile, médaille militaire, 10 octobre 1871.

Affaire de Courcebœuf. — Il était deux heures du matin. Un capitaine d'état-major du général Jaurès vient annoncer, le 12, au général Rousseau, qui occupait les hauteurs de Montfort, les tristes évènements de la veille.

Ordre de retraite, ordre à la 2e brigade de trouver un guide pour la conduire à Sainte-Corneille par un chemin dérobé.

La 2e division, dit Chanzy, « conduite par un bon guide dans des chemins détournés, était réunie tout entière à Sainte-Corneille, vers onze heures... Le général Jaurès donna alors l'ordre au général Collin de se retirer sur Savigné-l'Evêque, et de là sur Ballon qu'il devait occuper et défendre. Arrivée à quelques centaines de mètres de Courcebœufs, où l'ennemi, venu de la direction de Bonnétable, s'était embusqué, la tête de colonne fut assaillie par une vive fusillade.

« Le 1er bataillon des mobiles de l'Orne se porta à la baïonnette sur le village ; il allait être ramené lorsque, aidé par trois compagnies du 41e de marche, commandées par le capitaine Lévy, il put enfin se rendre maître de Courcebœuf ; à dix heures, toute cette division arrivait à Ballon et s'y installait sur de bonnes positions. »

Les quatre bataillons de l'Orne avaient été engagés.

Etaient entrés dans Courcebœufs en même temps que le capitaine Lévy :

Le capitaine *de Boynes*, 4e bataillon, 6e compagnie, décoré le 9 janvier 1871 ;

Le capitaine *des Plas*, 4e bataillon, 7e compagnie, décoré le 1er février 1871 ;

Le sous-lieutenant *de la Rivière*, 4e bataillon, 7e compagnie ;

Le sous-lieutenant *Rageot*, 2e bataillon, 7e compagnie.

Le sergent-fourrier *Le Pelletier*, médaille militaire, 5 mai 1871.

Le sergent *Pitou*, médaille militaire, 5 mai 1871.

Etaient blessés :

Le lieutenant-colonel *Des Moutis*, balle morte, cheval tué sous lui.

Le chef de bataillon *Le Tessier*, décoré le 5 mai 1871.

Le capitaine *De la Molière*, 2e bataillon, 1re compagnie, décoré le 29 juin 1871.

Le capitaine *De Foulques*, 2e bataillon, 7e compagnie, décoré le 29 juin 1871.

Le lieutenant *Chrétien*, 3e bataillon, 5e compagnie ;

Le sous-lieutenant *De Vauvineux*, déjà blessé à Lorges.

100 hommes avaient été tués ou blessés. Parmi ces derniers : *Beaumont* Louis, garde, 4e bataillon, 1re compagnie, médaille militaire, 16 novembre 1871.

La misère était à son comble. Les soldats n'avaient point mangé depuis trois jours. Le 49e, comme toute l'armée, traînait péniblement dans sa retraite ses malades et ses blessés. Les dévouements étaient à la hauteur des souffrances : l'histoire redira un jour ces dévouements ignorés.

La croix de la Légion d'honneur a justement récompensé celui du docteur Marcel Libert, chirurgien du 1er bataillon, dont la conduite à Courcebœufs, comme à la Fourche et en toutes circonstances, est au-dessus de tout éloge.

III.

La prise du Mans (12 janvier 1871).— Quand un officier d'ordonnance du général Voigts-Rhetz apporta au quartier général la nouvelle de la prise du Tertre-Rouge, les Prussiens, satisfaits sans doute d'un résultat qui dépassait toutes leurs espérances, auraient pu entrer au Mans le soir même, cerner et prendre la plupart des troupes postées devant le Mans au sud de l'Huisne. Soit qu'ils ignorassent l'état de découragement où la perte de la Tuilerie avait jeté l'armée française, soit qu'ils ne voulussent pas soumettre à de nouvelles épreuves leurs troupes fatiguées par les très longues marches des derniers jours, ils furent d'une prudence extrême ; et, s'établissant fortement sur les hauteurs qu'ils venaient d'emporter, ils attendirent le lendemain pour juger plus sûrement de la situation.

Le 12, au matin, il faisait un froid très vif et un brouillard épais qui ne tomba que vers midi ; les routes étaient couvertes de neige et de verglas. La 3e division du 17e corps et le 16e tout entier gagnaient rapidement Pontlieue. Arrivés au pont, ils défilèrent sous les yeux du commandant du 16e corps, qui s'efforçait de mettre un peu d'ordre dans ce chaos et qui indiquait lui-même à tous la direction qu'il fallait suivre.

« A dix heures et demie, les obus prussiens arrivèrent à hauteur du pont. Dès onze heures et demie, ils éclataient fréquemment sur le pont et en avant du côté du Mans. » D'autres venaient s'abattre sur le Quartier-de-Cavalerie, sur la gare du Mans et dans les rues avoisinantes.

A midi et demi, le général Lebouëdec se retirait avec le 40e, le 36e de marche et les mitrailleuses, laissant derrière lui les gendarmes. Il avait donné au commandant du génie l'ordre de détruire le pont de Pontlieue.

A deux heures environ, l'avant-garde des

Prussiens parut au rond point de Pontlieue, au moment où une compagnie du génie était occupée à couper le pont, attendant, pour le faire sauter, que l'armée française fût passée. Une partie du pont seulement fut rompue, et les Prussiens purent s'y engager, non sans compter avec les gendarmes du général Bourdillon qui, échelonnés le long de la rivière et appuyés par deux mitrailleuses, tinrent pendant plus d'une heure avec l'énergie du désespoir et ne se retirèrent en bon ordre qu'après avoir assuré la retraite des corps qui les précédaient (1).

Une fois cette résistance brisée, l'avant-garde des colonnes allemandes s'avança librement par l'avenue de Pontlieue. Les compagnies marchaient avec une grande circonspection, défilant par les rues, le fusil armé, l'œil sur les fenêtres et prêtes à faire feu à la moindre alerte.

La ville était terrifiée. Elle n'avait appris notre malheur qu'en voyant l'armée française la traverser en désordre. C'est à huit heures du matin seulement que le maire, M. Richard, apprit la triste nouvelle par un officier d'état-major.

Le conseil municipal se réunit à onze heures

Ils eurent à subir pendant cette lutte de nombreuses pertes : 2 officiers et 83 hommes tués, blessés ou disparus.

avec les commandants de la garde nationale. D'un commun accord, on décida qu'il ne serait fait aucune résistance et que les armes seraient rendues. Mais la municipalité ne pouvait empêcher les tentatives isolées qui furent faites sur un grand nombre de points.

Bientôt le bruit de cette fusillade si rapprochée parvint aux oreilles des conseillers municipaux réunis à la mairie. Plusieurs d'entre eux, étant descendus pour se rendre compte de ce qui se passait, furent entourés par les soldats allemands.

Le maire et les adjoints se décidèrent aussitôt à marcher au-devant du général prussien avec le drapeau parlementaire, afin d'arrêter l'effusion du sang. Entourés d'une petite escorte, que leur donna un officier prussien, ils traversèrent la ville déjà remplie par les troupes victorieuses, et trouvèrent sur la place de la Mission le commandant du 10e corps, général Voigts-Rhetz. Celui-ci leur reprocha durement une résistance dont ils n'étaient nullement responsables et condamna la ville à payer une contribution pénale de quatre millions de francs qui, grâce aux efforts persévérants de la municipalité, devait être abaissée plus tard à deux millions.

Outre les wagons qui restèrent aux mains de l'ennemi, un nombre considérable de voitures de vivres tombèrent également au pouvoir des Prussiens ; car, dans cette retraite si pénible qui devait amener l'armée du Mans à Laval et à Mayenne, on avait dû commencer par sauver le matériel de l'artillerie.

Le prince Frédéric-Charles demeura dans son quartier-général d'Ardenay, (canton de Montfort, Sarthe), jusqu'au samedi 14 janvier, — jour où il fit son entrée solennelle dans la ville du Mans. Son armée, établie au centre même de la France, pouvait, au besoin, se porter vers l'Ouest ou vers l'Est, suivant le point qui serait le plus gravement menacé.

Prise d'Alençon. — Dès le 13 janvier, le grand-duc de Luxembourg recevait l'ordre de se diriger sur Alençon en remontant la Sarthe. Les 13, 14 et 15 janvier, des combats d'avant-garde furent livrés à Ballon, Beaumont et Fresnay.

Le 17, devant Alençon, fut livré un combat honorable qui permit à Chanzy d'opérer plus facilement sa retraite. On vit là les francs-tireurs de Paris combattre à la baïonnette en chantant, comme à Châteaudun, *la Marseillaise* et en poursuivant l'ennemi en pleine nuit. « Les lâches seront châtiés, les braves seront récompensés ! » avait dit ardemment le nouveau préfet, M. Antonin Dubost. — Il n'y eut à Alençon que des braves. Mais Alençon n'en fut pas moins occupé jusqu'aux premiers jours de mars et l'armée de la Loire fut licenciée, le 7 du même mois, par un décret du nouveau ministre de la guerre, général le Flô.

CHAPITRE XI.

Bellême, du mardi, 17 janvier, au mardi 3 février 1871. — L'armistice. — Les Mobiles de l'Orne, du 14 janvier au 7 mars.

I.

Mardi, 17 janvier 1871. — Affreux dégel.— A midi arrivent 200 cavaliers prussiens annonçant 10,000 fantassins : c'est l'armée de Frédéric-Charles qui nous envoie du Mans une de ses colonnes, car il n'en faut plus douter, Le Mans s'est rendu sans résistance et Alençon, après avoir résisté.— Sur les 4 heures, les fantassins n'étant pas arrivés, on se calme un peu.

Mercredi, 18 janvier. — Vent et dégel. —

un temps lugubre. — Nous avons des nouvelles de Paris par les officiers prussiens : Paris est en feu. Trois cents obus sont tombés sur les principaux monuments et quelques-uns ont atteint les quartiers de l'île Saint-Louis et de la Monnaie.

Jeudi, 19 janvier. — Brouillard épais. — Encore 15 Prussiens : c'est le service des lettres qui passera par Bellême jusqu'à ce que la messagerie en soit rétablie entre Nogent et le Mans. — De Versailles à Nogent on circule très bien. Ce sont les Prussiens qui donnent les billets de chemin de fer. — On sait officiellement qu'Alençon est pris depuis dimanche et devra payer un million aux Prussiens ; trente mille francs en argent, le reste en réquisitions.

Vendredi, 20 janvier. — Encore une trentaine de Prussiens avec des voitures de réquisitions. — On en attend trois mille qui ne feront que passer ; il en arrive 50 qui se logent avec des billets de logement. — Le temps est brumeux, aucune voiture ne marche, on ne sait ce qui se passe à Mortagne.

Samedi, 21 janvier. — Encore des Prussiens avec une foule de voitures vides. — A midi, une trentaine de cavaliers et quelques fantassins, qui se logent avec des billets de la mairie. — Pas de nouvelles de Paris ; on est dans une grande inquiétude.

Dimanche, 22 janvier. — Temps de giboulées ; une boue atroce. — Dieu merci, nous ne voyons pas de nouveaux Prussiens. — Cancans : on dit qu'ils retournent vers Orléans.

Lundi 23 et mardi 24 janvier. — Presque plus de neige. Quel débarras ! il pleut dans la journée. — Quatre cents Prussiens passent avec 22 voitures de réquisitions sans s'arrêter. Quel bonheur ! — Toutes les villes qui entourent Bellême sont occupées par les Prussiens ; aussi, nous ne recevons plus de lettres. — Les médecins des blessés de Versailles parlent de batailles sous Paris à Montretout et à Buzenval, d'une affaire à la Malmaison. Comme toujours, les Prussiens ont été vainqueurs ; le général Trochu avait cédé le commandement au général Vinoy et, le 23, le gouvernement de la Défense nationale envoyait M. Jules Favre à Versailles pour arrêter les bases d'une convention d'armistice, prélude de la paix.

Mercredi, 25. — Encore de la neige qui tombe. — A 9 heures et demie, sur la route d'Igé, une cinquantaine d'éclaireurs ennemis ; sur celle de Rémalard, une dizaine de cuirassiers blancs. Ils viennent voir s'il y a des mobiles et des francs-tireurs. — Après avoir sondé le pays, n'apercevant rien qui ressemble à un franc-tireur ni à un mobile, ils se retirent, quelle bonne chance !

Jeudi, 26 janvier. — Pour n'en pas perdre

l'habitude, cinquante lanciers prussiens viennent aux portes de la ville. Tous se promènent gravement dans nos rues. — La variole, les fluxions de poitrine sont au comble ici et au Gué-de-la-Chaîne. On a enterré quatre personnes dans la journée. — A Paris, la mortalité a plus que triplé. Depuis le 15 janvier, la ration de pain est réduite à 300 grammes, la ration de viande de cheval, depuis le 15 décembre, n'est que de 30 grammes. Le bombardement dure depuis un mois.

Vendredi, 27 janvier. — Pas de nouvelles. — Plusieurs maris vont à la recherche de leur femme qui s'est enfuie devers la Bretagne, ainsi que les gendarmes et les chevaux de Bellême. — Beau temps, froid le matin ; soleil doux dans la journée.

Samedi, 28 janvier. — Encore de la neige avec un peu de gelée par-dessus : il fait très glissant. — Trois Prussiens sont venus en annoncer 1,200 pour demain.

Dimanche, 29 janvier. — On apprend par Alençon que les chances de la guerre ont refoulé nos armées, l'une sous les murs de Lille, l'autre au-delà de Laval, la troisième sur les frontières de l'Est. — Trois cents Prussiens occupent Mamers et sont logés dans les hôtels ; ils font des réquisitions.

Lundi, 30 janvier. — A midi, cuirassiers blancs très insolents envers le maire. Ils en annoncent 2.000 ; il en arrive 50 : ce sont des hussards de la mort. — A 3 heure , ils partent les uns pour Nogent, les autres pour Mamers, ils disent qu'on traite avec Paris. — La variole continue ses ravages ; il y a des malades dans toutes les maisons ; la peur des Prussiens a tourné le sang partout.

Mardi, 31 janvier. — Il fait froid, mais le soleil se montre. — On dit que des femmes arrivent de Paris. — Varioles innombrables dans la ville et dans la campagne.

II.

Mercredi, 1er février. — Grande nouvelle ! Suspension d'armes pendant 21 jours à dater du 30 janvier, huit heures, jusqu'au 19 février, à midi.

Jeudi, 2 février. — Temps superbe, beau soleil. — Les Prussiens sont à Alençon, au Mesle, à Mamers, à Bellême, à Nogent, partout : il n'y a que Mortagne qui soit libre.

III.

Les mobiles de l'Orne (du 14 janvier au 7

mars. — Le 14 janvier, la 2e division arriva vers 10 heures du matin à Ségrie (canton de Beaumont, Sarthe), après 72 heures de marche et de combats continuels. La neige tombait abondamment.

Dans la nuit du 14 au 15, marche sur Sillé-le-Guillaume par des chemins impraticables.

Le 17, elle arriva à Mayenne et se cantonna dans les chaumières, sur la route d'Ambrières (Mayenne).

Le 20, le lieutenant-colonel des Moutis put reprendre son commandement.

Le 28, l'armistice était signé. Le 49e resta à Ambrières jusqu'au 12 février.

Malgré les terribles revers qu'il avait essuyés, l'intrépide Chanzy organisait la lutte en prévision d'une reprise d'hostilités. Il donnait ainsi ses instructions le 11 février :

« Le 21e corps, commençant son mouvement le 12, marchera sur Laval par les deux rives de la Mayenne, de manière à y arriver le 13, au soir. »

Et le 15 :

Le 21e corps devra arriver le 20 à Loudun (Vienne)... le 21e corps devra être sur ses positions le 22. »

Le 22, il était à son poste. Le 26, il se portait au-devant de l'ennemi et s'arrêtait devant un ordre supérieur. Quelques jours après, l'Assemblée nationale votait la paix. Le 7 mars, les armées étaient dissoutes.

Le général Le Flô écrivait au général Chanzy :

« Dites à votre brave armée, officiers de tout grade et soldats, que je les remercie au nom de notre pays tout entier de leur courage et de leur patriotisme. Si la France avait pu être sauvée, elle l'eût été par eux. »

Le général en chef ajoutait dans son ordre du jour d'adieu :

« Je suis heureux de porter à votre connaissance ce témoignage de la satisfaction du gouvernement ; vous pouvez être fiers d'avoir fait partie de la deuxième armée, dont les efforts, s'ils n'ont pas abouti au succès que vous avez poursuivi, ne resteront pas sans gloire pour le pays, dont ils ont contribué à sauver l'honneur. »

Justement fier du 21e corps, le général Jaurès lui disait en le quittant :

«Partout, vous vous êtes bien conduits.... et ce ne sera pas sans fierté que chacun de vous pourra dire : J'étais du 21e corps et j'ai fait mon devoir. »

Le 49e en était, et son lieutenant-colonel disait encore dans ses adieux :

« Malgré les revers de l'armée, vous pouvez être fiers de votre campagne, car peu de troupes ont aussi bien résisté que vous. »

Concluons donc avec lui que, si leurs efforts n'ont pu délivrer la patrie, « pour les gardes mobiles de l'Orne, l'*honneur est sauf.* »

Le 27 novembre 1870, l'effectif du 49e régiment des mobiles de l'Orne était de 4,703 hommes,

Le 26 mars 1871, il rentrait dans ses foyers, réduit à 2,327.

Il avait donc perdu 2,376 hommes, c'est-à-dire plus de la moitié de son effectif.

Au moment de l'armistice, il avait perdu :

Officiers tués	3
Blessés	20
Sous-officiers et soldats tués	450

Report	473
Blessés	945
Disparus, prisonniers ou malades	958
Total :	2,376

NOTA. — Tous ces renseignements sont empruntés à des documents officiels et méritent toute créance. Il en est de même de ceux qui se trouvent au courant de ces simples notes, pour la plupart ; car il en est quelques-uns qui, malheureusement, n'existent pas.

CHAPITRE XII.

La troisième occupation prussienne à Bellême : du 3 au 19 février 1871. — Du 19 au 21. — Du 21 au 26. — Du 26 février au 9 mars. — Ce que coûtait à Bellême la triple occupation prussienne.

I.

Samedi 4 et dimanche 5 février 1871. — Deux cent cinquante Prussiens arrivent et se logent avec des billets qu'on doit changer tous les huit jours. — L'*Echo de l'Orne* annonce que: ont été nommés chevaliers les châtelains de Lonné et de Bellavilliers.

Lundi 6 février. — On dit qu'on va loger à Bellême les 200 Prussiens qui logent à Serigny et à St-Martin, pour décharger ces communes. — On reçoit les journaux du département qui commencent à s'occuper des élections à la Constituante. — La variole va toujours son train. — De plus, la peste bovine nous arrive, dit-on.

Mardi, 7 février. — Les Prussiens des communes voisines sont logés rues du Mans et St-Michel. — Ils parlent de la paix comme prochaine.

Mercredi 8 février. — Les élections ont lieu à Paris, par toute la France. On paraît voter en masse.

Jeudi, 9 février. — A Mamers les élections ont été très agitées. — Il fait un temps superbe, le soleil est chaud. — On change aujourd'hui les soldats qui se trouvent mal logés.

Samedi, 11 février. — Les lettres commencent à arriver. — Sur la place St-Pierre et sur le champ de foire, tous les jours l'exercice à la prussienne, avec des tambours lilliputiens conduisant les escouades. — 300 Prussiens arrivent de Nogent.

Dimanche 12. — Toujours le même compte de Prussiens ; ceux qui sont arrivés hier sont repartis ce matin. — Froid, dégel et vent.

Lundi, 13. — On enterre deux Prussiens avec force tambours. — Il arrive 80 lanciers.

Mardi, 14. — Un fermier de la Chapelle-Souëf a, dit-on, tiré sur les Prussiens ; les autres partent avec des torches pour mettre le feu au village. Ils demandent 8 mille francs d'amende et se contentent de mille. — Six personnes reviennent de Paris. — On dit le maire et son 1er adjoint à Alençon.

Mercredi, 15. — On sait que l'Assemblée nationale est réunie à Bordeaux depuis le 12 et que les négociations se poursuivent entre MM. Thiers et Jules Favre d'une part, et M. de Bismarck de l'autre, accompagnés des représentants de la Bavière, du Wurtemberg et du grand-duché de Bade. — Il arrive des lanciers et des hussards de la mort.

Vendredi, 17. — On demande à la ville de Bellême 80 mille francs comme contribution de guerre : la ville refuse. — A 3 heures, c'est 250 mille francs, et à 5 heures 280 mille francs ; c'est de la démence. — On annonce que l'armistice est prolongé de 5 jours, à partir de midi.

Samedi, 18. — Départ des Prussiens qui étaient à Bellême depuis quinze jours. — A 11 heures arrive l'état-major du 4e corps avec 2 mille soldats. — C'est 50 mille ou 58 mille francs à payer pour Bellême seul — dans quatre jours — ou le pillage, 280 mille francs pour le canton, et dont il faut répondre : on n'est pas plus tourmenté.

II.

Dimanche, 19. — Beau temps, s'il n'y avait pas de Prussiens. — Députation à Versailles de l'intituteur public et de M. Durand, négociant en graines, en compagnie d'une dame russe qui sait l'allemand et retourne avec son enfant rejoindre son mari, médecin à Clamart, dont elle est séparée depuis six mois. — Les Prussiens font de la musique sur la place de la Mairie. Ils prennent bien leur temps ! ! !

Pendant tout le temps qu'a duré l'occupation allemande, du 3 au 22 février, la ville a été constamment occupée par une force ennemie de 1500 à 2,000 hommes de toutes armes. De plus, et dans le même temps, elle a été traversée, tant à l'aller qu'au retour, par des corps considérables de l'armée allemande, et notamment par le 3e et le 4e corps venant du siège de Paris, et marchant sur l'armée du général Chanzy.

L'occupation prussienne à Bellême a été ce

qu'elle a été partout où le malheur de nos armes l'a portée, c'est-à-dire exigeante, brutale et souvent violente. La soldatesque, — notamment au passage de novembre, — a exercé de nombreux vols et de hideuses déprédations ; elle a mis à sac nombre de maisons à Bellême. Les aubergistes, cafetiers, débitants, marchands de liquides en gros, épiciers et boulangers sont ceux qui ont le plus souffert.

Les officiers ont exigé de nombreuses et souvent bien inutiles réquisitions, dont la demande a été bien des fois appuyée de menaces. Ils ont écrasé, comme à plaisir, la population et l'administration communale de leurs exigences.

Ce qu'il a fallu de voitures, de chevaux, de conducteurs, de paille, de fourrage, d'avoine, d'objets de toute nature, est difficile à croire, et il faut ajouter que fort souvent chevaux et voitures étaient demandés pour des besoins bien futiles

Déjà, au mois de novembre, on avait imposé et exigé — sous peine de pillage — une contribution de 2,800 fr. en espèces pour la valeur représentative de 700 paires de bottes réquisitionnées qu'on avait été dans l'impossibilité matérielle de leur donner.

Mais, en février 1871, l'appétit avait augmenté et les exigences avaient grandi avec le succès. Ce n'était plus sous une forme déguisée que l'ennemi opérait, c'était directement qu'il demandait au canton de Bellême une contribution de guerre de 286 mille 780 francs.

Devant une aussi monstrueuse exigence — qu'il eût été d'ailleurs impossible de satisfaire — la ville de Bellême et les communes du canton s'étaient émues, et, il faut le dire à leur honneur, le sentiment de la résistance s'était prononcé énergique et résolu.

« Mais si d'un côté les communes ne payaient pas, d'un autre côté l'autorité prussienne ne paraissait pas vouloir lâcher sa proie, et elle avait dirigé sur divers points des officiers chargés de récolter, — même par la force, — les contributions imposées. La ville de Bellême était dotée de deux de ces officiers qui vinrent de nombreuses fois à la mairie savoir si l'on consentait à payer. Chacune de leurs réclamations amenant un refus, ils en étaient arrivés à faire un rabais sur leurs prétentions primitives et à réduire de beaucoup le premier chiffre fixé. »

Une commission, composée de notables désignés par l'autorité allemande elle-même au sujet du règlement de cette contribution, avait été appelée à l'Hôtel-de-Ville, et, après de nouveaux pourparlers, cette commission composée de MM. Brière, maire, Seguin et Poulet, adjoints, Fromage, conseiller municipal, Pelletier et Chaumier, négociants, et Charpentier, propriétaire, tous habitants de Bellême, — cette commission, dis-je, avait déclaré nettement ne consentir, pour la ville et le canton de Bellême, qu'au payement, à titre de contribution de guerre, des deux douzièmes seulement de l'impôt direct, — et cela en conformité d'ailleurs, d'une circulaire de M. Jules Favre, auquel on avait demandé son avis et qui avait répondu « que la contribution échue appartenait en droit à l'occupant. »

L'autorité allemande exigeait, elle, le payement de ces deux douzièmes, plus le produit de l'impôt indirect dans le canton pendant les mois de janvier et février 1871, et enfin le payement en argent de la valeur des objets requis et non fournis dans le canton : ce qu'on ne pouvait admettre puisque, par le fait de l'occupation allemande, le recouvrement des contributions indirectes ne s'opérait plus, et qu'il n'existait plus de service de cet ordre, témoin les bureaux de tabac qui, n'étant plus approvisionnés, avaient cessé de fonctionner.

Dans ces circonstances, le maire crut qu'il était de son devoir de tenter tous les moyens propres à obtenir, — eu égard aux charges énormes que la guerre avait fait peser sur Bellême et ses environs, — une remise ou au moins une réduction de la contribution.

Il partit immédiatement (14 février), accompagné de M. Seguin, pour Alençon, et là, ces deux messieurs se présentèrent chez le préfet allemand (1) qui, après les avoir entendus, les renvoya à l'intendant.

A leur grand regret, ils ne purent obtenir aucune décharge ni diminution de la contribution fixée ; seulement l'intendant leur

---

(1) Voici le texte même de la lettre de recommandation remise au maire par le commandant de bataillon du régiment des grenadiers.

A Monsieur le justicier et préfet, chevalier, etc., etc.

Bismann

à Alençon

« Sur le désir du maire de Bellême, j'atteste que

La ville et le canton de Bellême ont déjà beaucoup souffert par le séjour continuel des troupes et les contributions versées à la division de Frestrow — le maire pourra montrer les papiers — et que la commune de Bellême a donné avec la plus grande générosité tout ce qu'il fallait pour le soutien du bataillon et la moitié de l'escadron du régiment de uhlans n°. 3, ainsi que pour la nourriture des chevaux des deux divisions de cavalerie.

« D'autres communes ont souffert beaucoup moins pendant la guerre ; elles seraient plus en état de donner de plus fortes contributions.

« S'il est possible, je prie d'avoir égard aux demandes de la commune, qui se distingue par leur (sic) bonne intelligence avec les soldats et par les soins assidus envers les malades et les blessés allemands. »

Signé : *Uon Farnepldueinheimb*

Major et commandant de bataillon du régiment des grenadiers.

dit que, si les communes n'avaient pas d'argent, elles pourraient régler leur quote-part en valeurs négociables et payables à délai. En même temps, ils recevaient notification (1) d'un délai de 3 jours pour le payement de la contribution fixée, c'est-à-dire jusqu'au 21 février inclusivement.

A son retour, le maire jugea à propos de convoquer les maires des autres communes du canton, afin que l'on pût, dans les circonstances douloureuses où l'on se trouvait, se concerter et prendre les mesures qu'on jugerait à propres à sauvegarder les intérêts communs du canton.

A cette réunion, il fit part à MM. les maires de l'insuccès de sa démarche à Alençon, et, sur

---

(1) Voici maintenant le texte même de la lettre qui accorde un délai de trois jours pour le versement de la 2e contribution :

Alençon, le 15 février 1871,

Au commandement de réquisitions à Bellême, p. p.

On annonce que par le commandement de division de ce jour on accordera un délai de trois jours jusqu'au 21 février inclusivement, pour verser cette seconde réquisition. D'après cet ordre on devra s'acquitter de la part de la commune de Bellême, mais on fait remarquer que, dans aucun cas; on ne devra compter sur une diminution des contributions. »

Signé : *Schirmer*

Présidence de l'intendance de division.

l'observation de ces messieurs qu'ils avaient besoin de consulter leurs conseils municipaux, une nouvelle réunion fut indiquée pour le lundi 20 février.

Le soir même de cette première réunion, une assemblée du conseil municipal, des plus haut imposés et des principaux commerçants de la ville de Bellême, avait lieu à la mairie. Après diverses explications échangées, il avait paru convenable de connaître l'attitude des cantons voisins et de tenter encore de nouvelles démarches afin d'obtenir, pour notre malheureux pays un allègement aux charges nouvelles qui venaient le grever. Par suite, des personnes furent désignées pour prendre les renseignements nécessaires, et il parut urgent d'envoyer à Versailles une députation chargée de plaider la cause du canton de Bellême. Deux conseillers municipaux, MM. Poulet et Morice, se chargèrent de cette mission.

Mais, leur laissez-passer fait et signé « Brière aîné, maire », ces messieurs déclinèrent l'honneur qui leur était offert.

La salle du conseil était encore remplie lorsque l'instituteur se présenta au secrétariat de la mairie avec une dame russe qui, pendant l'occupation prussienne, avait trouvé l'hospitalité chez M. Fromage, pharmacien.

MM. Fromage et Seguin, quittant la salle du

conseil, exposèrent à l'instituteur l'embarras où se trouvait la ville en ce moment, et le prièrent de vouloir bien se charger de la mission de délégué à Versailles avec un membre du conseil qu'on lui adjoindrait.

L'instituteur répondit qu'il n'était pas conseiller municipal et que, simple citoyen, il aurait peu d'autorité pour traiter cette affaire. Et, comme on insistait : « Messieurs, dit-il, si vous croyez que je puisse vous être utile, je n'ai rien à refuser à la ville comme au canton de Bellême. »

On signa son laissez-passer et l'on mit à sa disposition une voiture pour le lendemain.

En rentrant chez lui, prévoyant bien qu'il ne pourrait pas, et d'ailleurs, à si bref délai, remplir sa mission, il se mit à écrire la lettre ci-dessous à l'empereur d'Allemagne (1). Il est

---

Bellême, le 19 février 1871.

« *Sire*,

Le canton et la ville de Bellême (Orne) ont été, par ordre de M. le justicier et préfet, le chevalier Bismann, mis en demeure de payer, dans le délai du 15 au 21 février inclusivement, une contribution de guerre de 280,160 francs.

La ville de Bellême, avec une population de 3,000 habitants — dont 1,000 sont au bureau de charité — doit payer dans deux jours une contribution de 56,860 fr.

presque presque inutile de dire ici combien de personnes vinrent chez lui engager sa femme à le dissuader de ce voyage « dont l'issue, disait-on, ne pouvait que lui être funeste. »

Sa lettre faite, il se mit au lit et s'endormit sans savoir quel serait son compagnon de voyage.

Le lendemain, à huit heures et demie,

Nous avons l'honneur de vous représenter que :

La ville de Bellême — occupée du 22 au 24 novembre par le général Treskow à la tête de 25,000 hommes, — du 9 au 15 janvier par le général Bernardini avec 8 à 10,000 hommes, — enfin du 4 au 19 février par 15 à 1800 hommes, — a donné largement l'hospitalité à toutes ces troupes, et, par sa bonne intelligence avec les chefs et les soldats, par les soins qu'elle a donnés aux malades et aux blessés allemands, soit dans l'hospice civil, soit dans les ambulances, elle a mérité les suffrages des autorité allemandes, — comme l'atteste notamment la lettre ci-jointe du major et commandant de bataillon du régiment de grenadiers.

C'est pourquoi, sire, nous conjurons votre Majesté impériale de dispenser notre malheureux canton d'une contribution qu'il ne peut acquitter, et nous faisons appel à vos sentiments d'honneur et d'humanité pour que vos troupes, en tout cas, s'abstiennent de tout acte de violence envers les habitants.

Nous avons l'honneur, etc.

Les délégués de la ville et du canton de Bellême,

L'instituteur communal — Le conseiller municipal,

C. Renaudin. — *Durand.*

M. Brière, loueur de chevaux, était avec une voiture à la porte de M. Fromage, pharmacien. En y arrivant, l'instituteur rencontra M. Durand, négociant, qu'il fut heureux de trouver, au dernier moment, prêt à partager avec lui une mission dont l'insuccès, pour tous les deux, n'était pas douteux ; car ils ne tardèrent pas à se communiquer leurs pensées et à s'entendre sur la mission qu'ils n'avaient acceptée, on peut le dire sans prétention, que par patriotisme.

Arrivés à Nogent à 11 heures, ils en repartirent à midi avec la douleur de voir la gare entre les mains de nos ennemis et d'entendre, à chaque station les quolibets des Prussiens qui prenaient plaisir à injurier les Français.

A 4 heures et demie, ils prirent congé de Mme Hébert qui leur remit une lettre pour un prince, parent de l'empereur de Russie, et se hâtèrent de franchir les grilles de la gare, car il était à craindre qu'on ne les obligeât à continuer leur route jusqu'à Paris.

Nous laissons maintenant la parole au rapport écrit que MM. Durand et Renaudin remirent, à leur retour, au Conseil municipal.

« MM. les Membres du Conseil municipal,

Dès notre arrivée à Versailles, à 5 heures du

soir, nous sommes allés chez le P. Balabine, (cousin de l'empereur de Russie) rue des Bourbonnais, 42. Là, nous avons appris que le prince Galitzine (1), pour lequel Mme Hébert nous avait donné une lettre de recommandation, n'habitait plus Versailles depuis quelques mois.

---

(1) Bellême, (Orne), 19 février 1871

Au prince Galitzine, rue Bellechasse, 227, à Versailles.

Mon Prince,

Je viens vous supplier de vouloir bien intercéder, soit auprès du Prince royal, soit auprès du comte de Bismark, pour la ville de Bellême à laquelle on demande une réquisition qu'elle n'est pas en état de donner.

Je suis témoin que, depuis le 22 novembre, il a passé plus de cent mille Allemands à Bellême et que la ville a non-seulement tout fait pour fournir à toutes les nécessités de cette masse d'hommes et de chevaux, mais que les troupes allemandes ont reçu la plus large hospitalité.

Messieurs les délégués de la mairie de Bellême vous expliqueront leur situation, et j'ose espérer que vous ne refuserez pas votre concours dans une œuvre de justice et d'humanité, car on promet le pillage en cas de non-payement.

Veuillez excuser une semblable demande, mais, connaissant vos sentiments, j'ai cru pouvoir vous adresser ces messieurs, d'une ville étrangère où j'ai reçu largement l'hospitalité. Je suis à même, plus que personne, de voir l'impossibilité où est Bellême de payer la somme qu'on lui demande.

Signé : *f. Hébert*

Née de Maydanovitz.

Privés ainsi de l'appui sur lequel nous avions quelque raison de compter, nous avons prié le P. Balabine de nous indiquer, parmi ses nombreuses relations, quelque personnage marquant qui pût nous aider à accomplir le but de notre mission.

Le P. Balabine a daigné nous engager à nous mettre en rapport avec M. Franchet d'Esperey, rue de Satory, 14, commandant de place français, fils d'un ancien ambassadeur du roi Charles X à la cour de Berlin.

Nous nous sommes rendus immédiatement chez M. d'Esperey qui n'était pas chez lui et que nous sommes allés trouver chez son frère, rue de la Chancellerie, 24.

M. d'Esperey était à table : ce que l'on nous dit et ce que nous vîmes facilement — car on nous introduisit dans une magnifique cuisine où un nombreux domestique présidait aux fourneaux.

Aussitôt qu'il eut reçu notre carte, sur laquelle nous avions indiqué notre mission de députés du canton de Bellême, le commandant quitta ses convives et vint lui-même nous recevoir avec une bienveillance extrême, en nous conduisant dans un magnifique et immense salon.

Mis au courant de l'objet de notre mission, il

nous a dit d'abord que notre malheureux canton avait le sort de tous les cantons envahis et que des réclamations semblables à la nôtre arrivaient journellement à la chancellerie prussienne. Il a ajouté qu'il ne fallait pas songer à obtenir une audience de M. de Bismark à si bref délai ; qu'encore même que nous eussions quelque moyen de faire présenter notre requête à l'Empereur, nous n'aurions de réponse que par le canal du ministre.

Alors, voulant nous donner une preuve de de l'intérêt que lui inspirait notre malheureux canton, il s'est chargé d'appuyer notre supplique (1) et de la faire présenter le lende-

(1) Le lendemain, jour où les négociations pour la paix s'entamaient à Versailles, était expédiée d'Alençon et parvenait à Bellême la lettre suivante :

Alençon, le 22 février 1871.

« Les ordres qui nous sont parvenus hier au sujet de la contribution de guerre imposée au département de l'Orne m'autorisent à répondre ce qui suit à la déclaration que les délégués du canton de Bellême ont voulu m'adresser.

« L'autorité militaire allemande s'abstiendra de toutes mesures rigoureuses et les fera cesser instantanément là où le versement de l'impôt direct échu sera opéré, là où les communes déclareront en principe vouloir payer le montant à fixer — d'après les statistiques officielles des contributions indirectes échues depuis l'occupation allemande du département, et l'équivalent en argent des suppléments en nourriture d'hommes et de chevaux que les magasins allemands ont dû fournir pendant l'armistice par suite de l'insuffisance, en vivres ou fourrages des cantons occupés. »

Le général commandant la 4e division de cavalerie prussienne,

Signé : *Von Bredow*

main, à midi, à M. de Bismark par l'intermédiaire du grand-chancelier du palais, puis il nous a congédiés en nous serrant amicalement la main et en nous donnant rendez-vous pour le lendemain 3 heures de l'après-midi.

Dès deux et demie, nous étions à la mairie de Versailles.

M. le baron venait de recevoir un pli cacheté. « Mauvais signe, nous dit-il. » Effectivement, c'était une fin de non-recevoir du grand-chancelier qui renvoyait notre affaire au ministre de la guerre.

C'est alors que nous nous sommes résolus, d'après le conseil de M. le Baron, à tenter une démarche auprès du préfet allemand à Versailles.

N'ayant pas rencontré M. le préfet, nous nous sommes vus obligés d'exposer notre affaire à un employé français qui nous a confirmés dans la pensée que, lors même que M. le préfet eût été à Versailles, il aurait refusé de s'occuper de l'objet de notre mission.

Revenus à la mairie, nous n'avions plus qu'un parti à prendre : tenter une démarche personnelle auprès du Prince royal.

Mais celui-ci était absent et ne devait rentrer à Versailles que le soir ou dans la nuit.

C'est alors que M. le baron d'Esperey, dont nous ne saurions assez louer la gracieuseté et le dévouement aux intérêts de notre canton, s'est chargé lui-même de remettre notre supplique au Prince royal (1), dès son retour, c'est-à-dire mardi matin.

Ne pouvant attendre à Versailles la réponse désirée, nous sommes repartis immédiatement assurés que notre requête serait remise dans le temps fixé, mais le cœur brisé par la quasi-certitude de l'insuccès de notre mission.

Un dernier devoir nous reste à accomplir, messieurs, c'est de vous remercier de la confiance dont vous nous avez honorés en nous choisissant pour les mandataires des intérêts du canton, et de vous assurer qu'en toute circonstance vous nous trouverez, dans la faible mesure de nos forces, dévoués aux intérêts de la ville et du canton de Bellême. »

Agréez, etc.

Bellême, le 21 février 1870,

La lettre est signée: *C. Renaudin*, *E. Durand*.

---

(1) M. d'Esperey avait connu intimement le prince pendant l'ambassade de son père à Berlin, sous Charles X.

III.

La députation envoyée à Versailles était de retour avec le regret d'avoir vu, comme celles des autres cantons occupés, ses démarches infructueuses. Le canton de Bellême se trouvait donc exactement dans la même position qu'auparavant, c'est-à-dire en présence de la demande pressante d'une contribution énorme dont la quote-part pour la ville de Bellême était de 56,860 francs.

Depuis trois jours, les officiers allemands chargés du règlement venaient chaque jour demander qu'on s'éxécutât. Ils avaient même réclamé avec insistance, en menaçant de mettre les scellés sur les principaux magasins de la ville ; ce n'est qu'à grand'peine qu'on avait obtenu d'eux de bien vouloir attendre jusqu'à mardi soir quatre heures — moment où l'on pensait pouvoir leur donner une réponse définitive,

Il fallut donc savoir définitivement si l'on entendait, oui ou non, payer la contribution fixée par l'autorité allemande.

En cas de refus, on connaissait les conséquences : scellés mis sur des magasins, enlèvement des marchandises jusqu'à concurrence de la somme demandée, pillage et déprédation peut-être, abus de la force assurément.

En cas de décision prise pour le règlement de la contribution, il paraissait convenable de nommer une commission prise parmi les membres présents, à laquelle on donnerait tous pleins pouvoirs pour tenter et régler avec l'autorité allemande, en s'obligeant personnellement, au besoin, et, en tout cas, en obligeant la commune.

L'assemblée décida qu'il allait être voté par *oui* et par *non*, sur la question de savoir si la commune devait ou ne devait pas payer et régler la contribution demandée. Le résultat définitif, sur 67 votants, donna : 46 oui, 18 non, 2 bulletins blancs, 1 nul. Total égal, 67 votants.

On procéda ensuite à la nomination d'une commission de six membres, dont trois pris dans le sein du conseil municipal, trois en dehors, chargés de s'entendre avec l'autorité ennemie pour le règlement de la contribution fixée.

Furent désignés, dans le conseil municipal : MM. Seguin, adjoint, 47 voix ; Poulet, adjoint, 46 voix; Fromage, conseiller municipal, 26 voix,

Les trois membres pris en dehors du conseil furent MM. Emile Charpentier, propriétaire, 45 voix ; Pelletier, négociant, 36 voix; Chaumier, négociant, 14 voix.

Quelques-uns de ces six membres étaient absents au moment de leur nomination. Quand ils en eurent connaissance, ils témoignèrent de leur désir d'aller directement et personnellement s'entendre avec l'intendance, à Alençon : ce qui leur fut accordé par le général auquel ils demandèrent un laissez-passer.

Sans cette initiative, la ville de Bellême devait bel et bien payer la somme de 56,860 fr. pour sa quote-part de contributions dans le canton.

Les choses en étaient là, et la commission tenait bon malgré les menaces des officiers collecteurs quand le vendredi 25 février, à huit heures du matin, tous les membres de cette commission, qui avaient été tenus prisonniers à la mairie, furent remis à la garde de 150 uhlans pour être conduits à Alençon. Mais MM. Poulet et Pelletier étaient partis la veille, emmenant avec eux Mme de la Ferronnays, qui avait eu la gracieuseté de les accompagner pour leur servir d'interprète ; ils avaient réussi à s'entendre avec l'intendance et à obtenir que Bellême ne payât que les deux douzièmes de l'impôt direct (6,154 fr.), et les autres communes du canton, une somme qui s'élevait à 31,000 fr. en chiffres ronds.

Après cette heureuse négociation, Mme de la Ferronnays retournait vers Bellême avec MM. Poulet et Pelletier, et le comptable allemand, attaché à l'intendance, lorsque, en arrivant à Chaumiton, eut lieu la rencontre avec la voiture de réquisition, escortée de 150 uhlans, que commandait le fameux comte de Reichembach, celui-là même qui réclamait l'impôt de guerre.

S'expliquer en montrant l'acceptation de la commandature prussienne, tourner bride, ce fut l'affaire d'un instant. On ramena à Bellême la gracieuse interprète, qui ne rentra à Chèreperrine qu'après avoir assisté au règlement de cette affaire, le jour même, avec les fonds personnels de MM. Cohu et Brière. C'était un éclatant service rendu à la ville et au canton de Bellême.

IV.

Ce fut le dimanche, 26 février seulement, qu'aboutirent les négociations entamées le 22 février à Versailles, entre MM. Thiers et Jules Favre pour la France, et M. de Bismarck pour la Prusse.

Ces négociations avaient été pénibles, douloureuses pour les deux hommes qui s'étaient dévoués à cette tâche. Ils voyaient dans la conclusion de la paix le salut de la France, et entendaient gronder derrière eux un parti nombreux qui demandait à grands cris la continuation de la lutte, la France, disait-on, devant la poursuivre jusqu'à la dernière extrémité, jusqu'au couteau, s'il le fallait.

La position était cruelle, surtout pour Jules Favre qui avait prononcé à la face de l'Europe ces paroles dont le retentissement fut immense: « Pas un pouce de notre territoire! Pas une pierre de nos forteresses ! » Il s'agissait en effet de s'accorder avec l'ennemi sur le démembrement de la France, sur l'écartèlement de la patrie, en retenant le plus possible de cet héritage de nos pères, de ce sol sacré arrosé de notre sang le plus généreux. Nos négociateurs luttèrent pied à pied pour obtenir les meilleures conditions possibles territoriales et financières, et le traité, enfin, fut signé le 26 février 1871.

Mercredi 1er mars. — Les préliminaires de paix sont signés, disent les journaux, et l'armistice est prolongé jusqu'au 12 mars.

Jeudi 2 mars. — Temps froid. — 1500 Prussiens arrivent à midi. Si nous les avons jusqu'au 12, il ne restera rien dans le pays.

Vendredi 3 mars.— On apprend qu'une condition cruelle a été mise à la prolongation de l'armistice : les négociateurs ont obtenu que le 1er mars, à 11 heures du matin, 30,000 hommes entreraient dans les Champs-Elysées, et occuperaient l'espace compris entre la Seine et la la rue du Faubourg-St-Honoré, à partir de la place de la Concorde jusqu'au quartier des Ternes. — Effectivement, le 1er mars ils y sont entrés sans bruit et comme honteux.

Dimanche 5 mars.— Les routes sont encombrées de troupes.

Mardi 7 mars. — On attend 3,000 Prussiens. — Heureusement le général ne se trouve pas bien à Bellême et va jusqu'à Vaurey avec ses troupes qui suivent partie à Rémalard, partie à Mortagne,— On croit à Bellême que c'est la fin.

Mercredi 8 mars. — Le vent est froid toute la journée. — On espère que 800 hommes annoncés ne feront que camper et qu'on n'en verra plus. — On commence à défaire ses cachettes. — Bellême est rempli de toutes sortes de troupes, de juifs et de traînards ; toute la journée passe de la cavalerie : cuirassiers blancs, beaucoup de dragons bleus, de hussards, de lanciers, etc.— Il n'en reste qu'une quarantaine dans la ville.—On attend 1500 mobiles demain.

Jeudi 9 mars. — Encore une quarantaine de Prussiens. — Toute la cavalerie qui passe dans la journée va camper dans la campagne, aux environs; c'est la fin, Dieu merci. — Les mobiles annoncés n'arrivent pas.

V.

Il résulte de l'examen des notes soumises à

la commission des comptes du Conseil municipal de Bellême, pour 1870-71, que

Le montant des réquisitions faites par les officiers de l'armée allemande, s'élève :

PREMIÈRE PARTIE :

	FR.	C.
Pendant la 1re occupation, du 22 au 24 novembre 1870, à	23,585	25
Pendant la 2e occupation, du 9 au 16 janvier 1871, à	25,980	15
Et pendant la 3e occupation, du 3 février au 9 mars 1871, y compris 6154 fr. versés en espèces pour la contribution de guerre, à	22,660	65
Total	72,226	05

DEUXIÈME PARTIE :

Quant au total des pertes subies par les habitants de la commune de Bellême, par suite de déprédations, il s'élève, d'après les déclarations faites, à	185,536	27
Et dans Bellême seul, à la somme de 126,000 fr., non compris les dégâts commis dans les habitations		
Total	257,762	32

Report :	257,766 32
Si l'on ajoute les contributions obtenues du canton de Bellême par les Prussiens, du 15 au 26 février 1871, en chiffres ronds :	31,000 »»
non compris les pertes particulières subies par les habitants des communes rurales,	
On arrive à un total de :	288,762 32

FIN.

A ceux qui auraient voulu, après ce récit, une appréciation des faits et des personnages, nous n'avons qu'un mot à répondre :

Nous avons fait, « pour être utile », œuvre de chroniqueur.

Nous réclamons donc l'indulgence de nos compatriotes pour ces simples *notes* que nous n'avons réunies qu'à grand'peine, au bout de dix ans, « pour servir à l'histoire générale de la guerre de 1870-71. »

Nous faisons des vœux pour que, dans chaque ville envahie par les Prussiens, il se trouve un homme assez ami de son pays pour transmettre à nos petits enfants le souvenir des maux qu'ont endurés leurs pères. L'ensemble de ces matériaux divers, joint aux documents militaires officiels, constituerait un jour les bases d'un travail sérieux, digne d'occuper les loisirs d'un grand historien national. Vienne un ministre qui provoque, dans chaque département envahi, des travaux identiques au nôtre, ses encouragements hâteront l'éclosion de la grande œuvre que nous appelons de tous nos vœux.

C. RENAUDIN.

TABLE DES MATIÈRES

www.ingramcontent.com/pod-product-compliance
Ingram Content Group UK Ltd.
Pitfield, Milton Keynes, MK11 3LW, UK
UKHW022055260726
13993UKWH00001B/123

9 782019 957599